ᛏ

Tusculum-Bücherei

Zweisprachige antike Taschenausgaben

PLUTARCH
KINDERZUCHT

GRIECHISCH UND DEUTSCH

Bei Ernst Heimeran in München

2. verbesserte Auflage 3.—7. Tausend 1947

Military Government Information Control Lic. No. US - E - 185

Gedruckt b. Junge & Sohn, Erlangen. Geb. b. Himmelseher Ansbach

ΠΕΡΙ ΠΑΙΔΩΝ
ΑΓΩΓΗC

Tί τις ἂν ἔχοι εἰπεῖν περὶ τῆς τῶν ἐλευθέρων παίδων 1
ἀγωγῆς, καὶ τίνι χρώμενοι σπουδαῖοι τοῖς τρόποις ἂν
ἀποβαῖεν, φέρε σκεψώμεθα.

Βέλτιον δ' ἴσως ἀπὸ τῆς γενέσεως ἄρξασθαί πρῶτον.
Τοῖς τοίνυν ἐπιθυμοῦσιν ἐνδόξων τέκνων γενέσθαι πατράσιν
ὑποθείμην ἂν ἔγωγε μὴ ταῖς τυχούσαις γυναιξὶ συνοικεῖν,
λέγω δ' οἷον ἑταίραις ἢ παλλακαῖς. Τοῖς γὰρ μητρόθεν [ἢ
πατρόθεν] ⟨οὐκ εὖ⟩ γεγονόσιν ἀνεξάλειπτα παρακολουθεῖ
τὰ τῆς δυσγενείας ὀνείδη παρὰ πάντα τὸν βίον καὶ πρό- B
χειρα τοῖς ἐλέγχειν καὶ λοιδορεῖσθαι βουλομένοις. Καὶ
σοφὸς ἦν ἄρ' ὁ ποιητής, ὅς φησιν

"Οταν δὲ κρηπὶς μὴ καταβληθῇ γένους
'Ορθῶς, ἀνάγκη δυστυχεῖν τοὺς ἐκγόνους.

Καλὸς οὖν παρρησίας θησαυρὸς εὐγένεια, ἧς δὴ πλεῖστον
λόγον ποιητέον τοῖς νομίμου παιδοποιίας γλιχομέμοις.
Καὶ μὲν δὴ τὰ φρονήματα τῶν ὑπόχαλκον καὶ κίβδηλον
ἐχόντων τὸ γένος σφάλλεσθαι καὶ ταπεινοῦσθαι πέφυκε.
Καὶ μάλ' ὀρθῶς ὁ λέγων ποιητής φησι   C

Δουλοῖ γὰρ ἄνδρα, κἂν θρασύσπλαγχνός τις ᾖ,
"Οταν συνειδῇ μητρὸς ἢ πατρὸς κακά.

Wohlan denn! Sehen wir zu, was sich über die Erziehung von Kindern freier Eltern sagen läßt und
wessen sie bedürfen, um zu edlen Charakteren zu
werden.

Vielleicht ist es am besten, gleich bei der Geburt an-
zufangen. Da möchte ich nun denen, die Väter guter
Kinder werden wollen, sehr wohl anraten, sich doch ja
nicht mit den ersten besten Frauen zu vermählen, also
etwa mit Hetären oder gemeinen Dirnen. Denn diejenigen, deren Geburt von mütterlicher [oder väterlicher]
Seite unecht ist, sind durch das ganze Leben hindurch
von dem unaustilgbaren Schimpf ihrer schlechten Herkunft begleitet. Solche reizt geradezu zu Vorwurf und
Schmähung, und weise war der Dichter der Verse:

Denn wenn ein Heim unrechtlich einst gegründet ward,
Dann müssen unglückselig auch die Kinder sein.[1]

Folglich ist echte Abkunft ein Schatz der Makellosig-
keit. Davon müssen vor allem diejenigen sich Rechenschaft geben, die danach verlangen, rechtmäßige Kinder
zu erzeugen. Denn tatsächlich sind die Gesinnungen
derer, die aus unechten, einer gefälschten Münze ver-
gleichbaren Verhältnissen stammen, schwankend und
bewegen sich in niederen Gedankengängen, so daß der
Dichter sehr recht hat, der da sagt:

Zum Knecht erniedrigt auch den kühngesinnten Mann,
Das quälende Bewußtsein elterlicher Schmach.[2]

2. Ὥσπερ ἀμέλει τοὐναντίον μεγαλαυχίας ἐμπίπλανται καὶ φρυάγματος οἱ γονέων διασήμων. Διόφαντον γοῦν τὸν Θεμιστοκλέους πολλάκις λέγουσι φάναι καὶ πρὸς πολλούς, ὡς ὅ τι ἂν αὐτὸς βούληται, τοῦτο τῷ δήμῳ συνδοκεῖ τῷ τῶν Ἀθηναίων· ἃ μὲν γὰρ αὐτὸς ἐθέλει, καὶ ἡ μήτηρ· ἃ δ' ἂν ἡ μήτηρ, καὶ Θεμιστοκλῆς· ἃ δ' ἂν Θεμιστοκλῆς, καὶ πάντες Ἀθηναῖοι. Πάνυ δ' ἄξιον ᴵᴰ ἐπαινεῖν καὶ Λακεδαιμονίους τῆς μεγαλοφροσύνης· οἵτινες Ἀρχίδαμον τὸν βασιλέα ἑαυτῶν ἐζημίωσαν χρήμασιν, ὅτι μικρὰν τὸ μέγεθος γυναῖκα γάμῳ λαβεῖν ὑπέμεινεν, ὑπειπόντες, ὡς οὐ βασιλέας, ἀλλὰ βασιλείδια παρασχεῖν αὐτοῖς διανοοῖτο.

3. Ἐχόμενον δ' ἂν εἴη τούτων εἰπεῖν, ὅπερ οὐδὲ τοῖς πρὸ ἡμῶν παρεωρᾶτο. Τὸ ποῖον; Ὅτι τοὺς ἕνεκα παιδοποιίας πλησιάζοντας ταῖς γυναιξὶν ἤτοι τὸ παράπαν ἀοίνους ἢ μετρίως γοῦν οἰνωμένους ποιεῖσθαι προσήκει τὸν συνουσιασμόν. Φίλοινοι γὰρ καὶ μεθυστικοὶ γίνεσθαι φιλοῦσιν, ὧν ἂν τὴν ἀρχὴν τῆς σπορᾶς οἱ πατέρες ἐν μέθῃ ποιησάμενοι τύχωσιν. Ἧι καὶ Διογένης μειράκιον ᴵ ἐκστατικὸν ἰδὼν καὶ παραφρονοῦν, Νεανίσκε, ἔφησεν, ὁ πατήρ σε μεθύων ἔσπειρε.

Καὶ περὶ μὲν τῆς γενέσεως τοσαῦτ' εἰρήσθω μοι, περὶ δὲ τῆς ἀγωγῆς καὶ δὴ λεκτέον.

4. Καθόλου μὲν εἰπεῖν, ὃ κατὰ τῶν τεχνῶν καὶ τῶν ἐπιστημῶν λέγειν εἰώθαμεν, ταὐτὸν καὶ κατὰ τῆς ἀρετῆς φατέον ἐστίν· ὡς εἰς τὴν παντελῆ δικαιοπραγίαν τρία δεῖ συνδραμεῖν, φύσιν καὶ λόγον καὶ ἔθος. Καλῶ δὲ λόγον μὲν τὴν μάθησιν, ἔθος δὲ τὴν ἄσκησιν. Εἰσὶ δ' αἱ μὲν

2. *Umgekehrt blähen sich die Kinder vornehmer Eltern in ruhmredigem Stolz. Diophantos*[3]*) wenigstens, der Sohn des Themistokles, soll oftmals und zu vielen gesagt haben, seine Wünsche entsprächen durchaus den Wünschen der Athener: Denn was er wünsche, wünsche auch seine Mutter, und was seine Mutter wünsche, decke sich mit den Wünschen des Themistokles; was aber Themistokles wünsche, wünschten auch alle Athener. Des höchsten Lobes würdig sind auch die Lakedaimonier ob ihrer hohen Gesinnung, die ihren König Archidamos mit einer Geldstrafe belegten, weil er darauf bestand, eine sehr klein gewachsene Frau zur Ehe zu nehmen. Sie erklärten dazu, er sei gesonnen, ihnen nicht Könige zu geben, sondern Zaunkönige.*[4]*)*

3. *Noch habe ich hier eines Umstandes zu gedenken, der auch von meinen Vorgängern nicht übersehen worden ist. Und welcher wäre dies? Ich meine, wer um der Zeugung willen den Frauen beiwohnt, sollte sich mit ihnen nur dann vereinigen, wenn er überhaupt keinen Wein genießt oder ihm doch nur mäßig zuspricht. Denn die Kinder werden gern zu Freunden des Weines und zu Trunkenbolden, wenn ihre Väter sie im Rausch und in der Trunkenheit gezeugt haben. Daher auch das Wort des Diogenes, als er einen Jüngling sah, der seines Geistes durchaus nicht mehr mächtig war: „Junger Mann", sagte er zu ihm, „dich hat dein Vater im Rausche gezeugt."*[5]*)*

Soweit denn von der Zeugung: Nun komme ich wirklich zur Erziehung.

4. *Um es zunächst ganz allgemein anzudeuten: Was wir gewöhnlich von den Künsten und Wissenschaften sagen, das müssen wir auch von der Tugend sagen. Zu vollendet rechtlichem Handeln muß dreierlei zusammentreffen: natürliche Begabung, Verstand und*

ἀρχαὶ τῆς φύσεως, αἱ δὲ προκοπαὶ τῆς μαθήσεως· αἱ δὲ
χρήσεις τῆς μελέτης, αἱ δ' ἀκρότητες πάντων. Καθ' ὃ B
δ' ἂν λειφθῇ τούτων, κατὰ τοῦτ' ἀνάγκη χωλὴν γίνεσθαι
τὴν ἀρετήν. Ἡ μὲν γὰρ φύσις ἄνευ μαθήσεως τυφλόν,
ἡ δὲ μάθησις δίχα φύσεως ἐλλιπές, ἡ δ' ἄσκησις χωρὶς
ἀμφοῖν ἀτελές. Ὥσπερ δ' ἐπὶ τῇ γεωργίᾳ πρῶτον μὲν
ἀγαθὴν ὑπάρξαι δεῖ τὴν γῆν, εἶτα δὲ τὸν φυτουργὸν
ἐπιστήμονα, εἶτα τὰ σπέρματα σπουδαῖα, τὸν αὐτὸν τρόπον
γῇ μὲν ἔοικεν ἡ φύσις, γεωργῷ δ' ὁ παιδεύων, σπέρματι
δ' αἱ τῶν λόγων ὑποθῆκαι καὶ τὰ παραγγέλματα. Ταῦτα πάντα
διατεινάμενος <ἂν> εἴποιμ', ὅτι συνῆλθε καὶ συνέπνευσεν
εἰς τὰς τῶν παρ' ἅπασιν ᾀδομένων ψυχάς, Πυθαγόρου καί C
Σωκράτους καὶ Πλάτωνος καὶ τῶν ὅσοι δόξης ἀειμνήστου
τετυχήκασιν. Εὔδαιμον μὲν οὖν καὶ θεοφιλές, εἴ τῳ
ταῦτα πάντα θεῶν τις ἀπέδωκεν. Εἰ δέ τις οἴεται τοὺς
οὐκ εὖ πεφυκότας μαθήσεως καὶ μελέτης τυχόντας ὀρθῆς
πρὸς ἀρετὴν οὐκ ἂν τὴν τῆς φύσεως ἐλάττωσιν εἰς
τοὐνδεχόμενον ἀναδραμεῖν, ἴστω πολλοῦ, μᾶλλον δὲ τοῦ
παντὸς διαμαρτάνων. Φύσεως μὲν γὰρ ἀρετὴν διαφθείρει
ῥᾳθυμία, φαυλότητα δ' ἐπανορθοῖ διδαχή· καὶ τὰ μὲν
ῥᾴδια τοὺς ἀμελοῦντας φεύγει, τὰ δὲ χαλεπὰ ταῖς ἐπι- D
μελείαις ἁλίσκεται. Καταμάθοις δ' ἄν, ὡς ἀνύσιμον
πρᾶγμα καὶ τελεσιουργὸν ἐπιμέλεια καὶ πόνος ἐστίν, ἐπὶ

Gewöhnung.⁶) *Unter Verstand begreife ich die Fähigkeit zum Lernen, unter Gewöhnung die Übung. Die Anfänge gehören der natürlichen Begabung, die Fortschritte der Fähigkeit zu lernen. Die Anwendung entspringt der Übung, wirkliche Vollendung aber allen dreien. Ist nun eine der drei Seiten zu wenig entwickelt, so muß zwangsläufig die Tugend hinken. Denn natürliche Begabung ohne Lernfähigkeit geht nicht in die Tiefe, Lernfähigkeit ohne natürliche Begabung läßt keinen Erfolg sehen, Übung aber ohne beides kommt an kein Ziel. Wie es also zur Bestellung des Ackers zunächst eines guten Bodens bedarf, sodann eines erfahrenen Landwirts und schließlich eines guten Samens, so entsprechen dem Boden die natürliche Anlage, dem Landwirt der Lehrer, dem Samen die Grundlagen der Wissenschaften und die Lehren. Ich behaupte mit größtem Nachdruck, daß all dies in der Seele aller weitgefeierten Männer sich harmonisch einte, eines Pythagoras, eines Sokrates, eines Platon und der vielen andern, die unvergeßlichen Ruhm errungen haben. Wahrhaftig, der ist glücklich und ein Liebling der Götter, dem ein Gott dies alles verliehen. Wenn aber einer glaubt, diejenigen, denen die Natur glückliche Gaben versagt hat, würden, selbst wenn sie die richtige Lehre und Übung zur Tugend genossen hätten, wohl doch die verringerte natürliche Begabung im Rahmen des Möglichen nicht bezwingen, so wisse er, daß er sich weitgehend, ja — noch mehr —, daß er sich sogar völlig irrt. Denn die Qualität der natürlichen Begabung wird zwar durch Leichtsinn vertan, Unterweisung aber gleicht diesen Mangel bessernd aus. Das Leichte entzieht sich den Nachlässigen allerdings, aber das Schwere wird durch mühevolle Sorgsamkeit gewonnen. Wie wirksam und erfolgverheißend Arbeit und Ausdauer sind, kann man sich sehr wohl klarmachen, wenn man auf mannigfaltige Gegenstände*

πολλὰ τῶν γινομένων ἐπιβλέψας. Σταγόνες μὲν γὰρ
ὕδατος πέτρας κοιλαίνουσι· σίδηρος δὲ καὶ χαλκὸς ταῖς
ἐπαφαῖς τῶν χειρῶν ἐκτρίβονται· οἱ δ᾽ ἁρμάτειοι τροχοὶ
τόνῳ καμφθέντες οὐδ᾽ ἄν, εἴ τι γένοιτο, τὴν ἐξ ἀρχῆς
δύναιντ᾽ ἀναλαβεῖν εὐθυωρίαν· τάς γε μὴν καμπύλας
τῶν ὑποκριτῶν βακτηρίας ἀπευθύνειν ἀμήχανον, ἀλλὰ
τὸ παρὰ φύσιν τῷ πόνῳ τοῦ κατὰ φύσιν ἐγένετο κρεῖττον.
Καὶ μόνα ἆρα ταῦτα τὴν ἐπιμελείας ἰσχὺν διαδείκνυσιν;
Οὔκ· ἀλλὰ καὶ μυρί᾽ ἐπὶ μυρίοις. Ἀγαθὴ γῆ πέφυκεν.
ἀλλ᾽ ἀμεληθεῖσα χερσεύεται, καὶ ὅσῳ τῇ φύσει βελτίων
ἐστί, τοσούτῳ μᾶλλον ἐξαργηθεῖσα δι᾽ ἀμέλειαν ἐξαπόλ- F
λυται. [Ἀλλ᾽] ἔστι τις ἀπόκροτος καὶ τραχυτέρα τοῦ δέ-
οντος· ἀλλὰ γεωργηθεῖσα παραυτίκα γενναίους καρποὺς
ἐξήνεγκε. Ποῖα δὲ δένδρα οὐκ ὀλιγωρηθέντα μὲν στρεβλὰ
φύεται καὶ ἄκαρπα καθίσταται, τυχόντα δ᾽ ὀρθῆς παιδ-
αγωγίας ἔγκαρπα γίνεται καὶ τελεσφόρα; Ποία δὲ
σώματος ἰσχὺς οὐκ ἐξαμβλοῦται καὶ καταφθίνει δι᾽ ἀμέλειαν καὶ τρυφὴν καὶ καχεξίαν; Τίς δ᾽ ἀσθενὴς φύσις οὐ
τοῖς γυμνασαμένοις καὶ καταθλήσασι πλεῖστον εἰς ἰσχὺν
ἐπέδωκε; Τίνες δ᾽ ἵπποι καλῶς πωλοδαμνηθέντες οὐκ
εὐπειθεῖς ἐγένοντο τοῖς ἀναβάταις; Τίνες δ᾽ ἀδάμαστοι
μείναντες οὐ σκληραύχενες καὶ θυμοειδεῖς ἀπέβησαν; F
Καὶ τί δεῖ τἆλλα θαυμάζειν, ὅπου γε τῶν θηρίων τῶν
ἀγριωτάτων ὁρῶμεν πολλὰ καὶ τιθασευόμενα καὶ χειροήθη
γινόμενα τοῖς πόνοις; Εὖ δὲ καὶ ὁ Θετταλός, ἐρωτηθείς,
τίνες εἰσὶν οἱ ἠπιώτατοι Θετταλῶν, ἔφη, Οἱ παυόμενοι
πολεμεῖν. Καὶ τί δεῖ τὰ πολλὰ λέγειν; Καὶ γὰρ τὸ ἦθος

um sich her einen Blick wirft. Denn Wassertropfen höhlen Felsen aus, Eisen und Erz werden durch Betasten mit den Händen abgegriffen. Die Wagenräder, mit einer Winde gekrümmt, vermögen auf keine Weise, wenn dies geschehen müßte, ihre ursprüngliche Geradheit wiederzuerlangen. Wenigstens ist es unmöglich, die krummen Stöcke der Schauspieler wieder gerade zu biegen. So kann das der Natur Widerstrebende durch Anstrengung stärker gemacht werden als das der Natur Entsprechende. Ist es nun dies allein, was die Macht des Fleißes beweist? Keineswegs, sondern es gibt noch abertausend weitere Fälle. Von Natur ist Ackerboden gut, aber ungepflegt bleibt er unfruchtbar, und je besser er von Natur aus ist, desto mehr verwildert er, wenn er vernachlässigt wird. Und doch: Gibt es nicht auch harten Boden, der unwirtbarer ist als nötig? Bebaut hingegen, trug er sofort edle Früchte. Welche Bäume werden, wenn sie vernachlässigt sind, nicht krumm und unfruchtbar? und macht sie gehörige Pflege nicht fruchtbar und edel? Welche Körperkraft wird etwa nicht durch Vernachlässigung, Schwelgerei und Krankheit abgestumpft, aufgezehrt? Andererseits: Gibt es eine Natur, die so schwach wäre, daß sie sich nicht in hohem Maße kräftigt, wenn man turnt und sich im Ringen übt? Welche gut zugerittenen Pferde sollten nicht willig ihren Reitern gehorchen? Blieben sie aber ungezähmt, waren sie dann nicht störrisch und wild? Dürfen wir uns überhaupt noch wundern, wenn wir sehen, daß auch viele der wildesten Tiere, durch andauernde Mühe schließlich bezähmt, fügsam werden? Ausgezeichnet darum die Antwort eines Thessalers auf die Frage, welches die sanftesten Thessaler seien: „Diejenigen, die aufgehört haben, Krieg zu führen." Allein, was soll ich darüber soviel Worte machen? Ist doch auch der Charakter nichts anderes als langanhaltende Gewohnheit,[7]) und

⟨ἔϑος⟩ ἐστὶ πολυχρόνιον· καὶ τὰς ἠϑικὰς ἀρετὰς ἐϑικὰς ἄν τις λέγῃ, οὐκ ἄν τι πλημμελεῖν δόξειεν. Ἐνὶ δὲ περὶ **3** τούτων ἔτι παραδείγματι χρησάμενος ἀπαλλάξομαι τοῦ [ἔτι] περὶ αὐτῶν μηκύνειν. Λυκοῦργος γὰρ ὁ τῶν Λακεδαιμονίων νομοϑέτης δύο σκύλακας τῶν αὐτῶν γονέων λαβὼν οὐδὲν ὁμοίως ἀλλήλοις ἤγαγεν· ἀλλὰ τὸν μὲν ἀπέφηνε λίχνον καὶ σινάμωρον, τὸν δ' ἐξιχνεύειν καὶ ϑηρᾶν δυνατόν· εἶτά ποτε τῶν Λακεδαιμονίων εἰς ταὐτὸ συνειλεγμένων, Μεγάλη τοι ῥοπὴ πρὸς ἀρετῆς κτῆσίν ἐστιν, ἄνδρες, ἔφησε, Λακεδαιμόνιοι, καὶ ἔϑη καὶ παιδεῖαι καὶ διδασκαλίαι καὶ βίων ἀγωγαί, καὶ ἐγὼ ταῦϑ' ὑμῖν αὐτίκα **B** δὴ μάλα ποιήσω φανερά. Εἶτα προσαγαγὼν τοὺς σκύλακας διαφῆκε, καταϑεὶς εἰς μέσον λοπάδα καὶ λαγωὸν κατευϑὺ τῶν σκυλάκων· καὶ ὁ μὲν ἐπὶ τὸν λαγωὸν ᾖξεν, ὁ δὲ ἐπὶ τὴν λοπάδα ὥρμησε. Τῶν δὲ Λακεδαιμονίων οὐδέπω συμβαλεῖν ἐχόντων, τί ποτ' αὐτῷ τοῦτο δύναται, καὶ τί βουλόμενος τοὺς σκύλακας ἐπεδείκνυεν, Οὗτοι γονέων, ἔφη, τῶν αὐτῶν ἀμφότεροι, διαφόρου δὲ τυχόντες ἀγωγῆς, ὁ μὲν λίχνος, ὁ δὲ ϑηρευτὴς ἀποβέβηκε. Καὶ περὶ μὲν ἐϑῶν καὶ βίων ἀρκείτω ταῦτα.

5. Περὶ δὲ τροφῆς ἐχόμενον ἂν εἴη λέγειν. Δεῖ δέ, ὡς ἐγὼ ἂν φαίην, αὐτὰς τὰς μητέρας τὰ τέκνα τρέφειν καὶ **C** τούτοις ὑπέχειν τοὺς μαστούς. Συμπαϑέστερόν τε γὰρ ϑρέψουσι καὶ διὰ πλείονος ἐπιμελείας, ὡς ἂν ἔνδοϑεν καὶ τὸ δὴ λεγόμενον ἐξ ὀνύχων ἁπαλῶν ἀγαπῶσαι τὰ τέκνα. Αἱ τίτϑαι δὲ καὶ αἱ τροφοὶ τὴν εὔνοιαν ὑποβολιμαίαν καὶ

*wer die Charaktertugenden Gewohnheitstugenden nennt,
ist offenbar gar so sehr nicht im Irrtum. Dazu nur noch
ein Beispiel — ich will mich dann über dieses Thema
nicht mehr weiter verbreiten —: Lykurg, der Gesetz-
geber der Lakedaimonier, nahm (einst) zwei junge
Hunde, die von denselben Eltern abstammten, und er-
zog sie auf eine durchaus zueinander unähnliche Weise.
Den einen machte er leckerig und gefräßig, den anderen richtete er ab, Wild zu erspüren und zu jagen.
Gelegentlich einer Versammlung der Lakedaimonier
redete er diese also an: „Ihr Männer von Lakedaimon,
gar großen Einfluß auf das Erringen der Vortreff-
lichkeit haben Gewohnheit, Erziehung, Unterricht
und Ausrichtung der Lebensweisen. Dies will ich
euch sofort auf das deutlichste vor Augen führen.“
Alsbald brachte er die Hunde herbei und ließ sie von
der Leine, nachdem er zuvor mitten zwischen die
Tiere eine Freßschüssel und einen Hasen gesetzt
hatte. Sofort fuhr der eine Hund auf den Hasen los,
der andere aber stürzte sich auf die Schüssel. Noch
ging den Lakedaimoniern nicht auf, was er damit
sagen wollte und in welcher Absicht er die beiden Hunde
vorführte. „Beide Hunde“, erklärte er ihnen darauf,
„stammen von den gleichen Eltern, doch sind sie auf
ganz verschiedene Weise abgerichtet. Aus dem einen
ist ein Leckermaul geworden, aus dem anderen ein
Jagdhund.“[8])*

Doch genug von Gewohnheit und Lebensart.

*5. Ich komme nunmehr zur Aufzucht der Kinder. Die
Mütter müssen nach meinem Dafürhalten ihre Kinder
selber nähren und stillen, denn sie nähren ja mit weit
größerer seelischer Verbundenheit und mit viel mehr
Sorgsamkeit, weil sie ihre Kinder aus der Tiefe ihres
Herzens heraus lieben und sozusagen von der zartesten*

παρέγγραπτον ἔχουσιν, ἅτε μισθοῦ φιλοῦσαι. Δηλοῖ δὲ καὶ ἡ φύσις, ὅτι δεῖ τὰς μητέρας, ἃ γεγεννήκασιν, αὐτὰς τιτ= θεύειν καὶ τρέφειν. Διὰ γὰρ τοῦτο παντὶ ζῴῳ τεκόντι τὴν ἐκ τοῦ γάλακτος τροφὴν ἐχορήγησε. Σοφῶς δὲ καὶ ἡ πρόνοια· διττοὺς ἐνέθηκε ταῖς γυναιξὶ τοὺς μαστούς, ἵνα, κἂν εἰ δίδυμα τέκοιεν, διττὰς ἔχοιεν τὰς τῆς τροφῆς πηγάς. **D** Χωρὶς δὲ τούτων εὐνούστεραι τοῖς τέκνοις γίνοιντ' ἂν καὶ φιλητικώτεραι. Καὶ μὰ Δί' οὐκ ἀπεικότως. Ἡ συντροφία γὰρ ὥσπερ ἐπιτόνιόν ἐστι τῆς εὐνοίας. Καὶ γὰρ τὰ θηρία τῶν συντρεφομένων ἀποσπώμενα ταῦτα ποθοῦντα φαί- νεται. Μάλιστα μὲν οὖν, ἅπερ ἔφην, ταῦτα πειρατέον [τὰ τέκνα τρέφειν τὰς μητέρας]. εἰ δ' ἄρ' ἀδυνάτως ἔχοιεν ἢ διὰ σώματος ἀσθένειαν, γένοιτο γὰρ ἄν τι καὶ τοιοῦτον, ἢ πρὸς ἑτέρων τέκνων σπεύδουσαι γένεσιν, ἀλλὰ τάς γε τίτθας καὶ τροφοὺς οὐ τὰς τυχούσας, ἀλλ' ὡς ἔνι μάλιστα σπουδαίας δοκιμαστέον ἐστί. Πρῶτον μὲν τοῖς ἤθεσιν **E** Ἑλληνίδας. Ὥσπερ γὰρ τὰ μέλη τοῦ σώματος εὐθὺς ἀπὸ γενέσεως πλάττειν τῶν τέκνων ἀναγκαῖόν ἐστιν, ἵνα ταῦτ' ὀρθὰ καὶ ἀστραβῆ φύηται, τὸν αὐτὸν τρόπον ἐξ ἀρχῆς τὰ τῶν τέκνων ἤθη ῥυθμίζειν προσήκει. Εὔπλαστον γὰρ καὶ ὑγρὸν ἡ νεότης, καὶ ταῖς τούτων ψυχαῖς ἁπαλαῖς ἔτι τὰ μαθήματα ἐντήκεται· πᾶν δὲ τὸ σκληρὸν χαλεπῶς μαλάτ- τεται. Καθάπερ γὰρ <αἱ> σφραγῖδες τοῖς ἁπαλοῖς ἐναπομάτ-

Jugend an. Die Zuneigung der Ammen und der Wär-
terinnen ist dagegen vorgetäuscht und falsch, weil sie
um des Lohnes willen lieben. Auch gibt die Natur ja
zu erkennen, daß die Mütter ihre neugeborenen Kinder
selbst stillen und nähren sollen. Denn aus eben diesem
Grunde hat sie jedem Tier, das lebende Junge zur Welt
bringt, die Milch zum Nahrungsstoff bestimmt, und
wohlweislich hat die Vorsehung dem Weibe zwei Brüste
gegeben, damit es, wenn es Zwillinge gebiert, einen
doppelten Nahrungsquell habe. Aber schon ohne dies
dürften mütterliche Zuneigung und Kinderliebe sich
ständig vermehren, und fürwahr, beim Zeus, nicht ohne
Grund, denn ein solches Zusammenleben in engster
Gemeinschaft steigert die Zuneigung[9]*): Sehen wir doch,*
wie die Tiere, die von ihren Müttern weggerissen sind,
sich nach ihnen zurücksehnen.[10]*) So muß man denn*
dies, was ich schon sagte, vor allem versuchen, [die
Kinder selbst zu nähren]. Erst wenn dies den Müttern
unmöglich ist, entweder, weil sie körperlich schwach
sind — denn auch das kann vorkommen — oder weil
sie Verlangen nach der Geburt weiterer Kinder haben,
mögen sie eine Fremde in ihren Dienst nehmen, sich
jedoch dabei nicht für die erste beste Amme und Wär-
terin entscheiden, sondern soweit möglich für die pfleg-
lichste. Zunächst soll sie in ihren Sitten eine Griechin
sein. Denn wie man unmittelbar nach der Geburt be-
reits die Körperglieder der Kinder zurechtbiegen muß,
damit sie gerade und unbiegsam wachsen, so muß man
auch von Anbeginn an die charakterlichen Anlagen der
Kinder ebenmäßig bilden. Denn das Kindesalter ist noch
in hohem Maße formbar und geschmeidig, und, da die
Kinderseelen noch sehr zart sind, lassen sich die Lehren
ihnen unverlierbar einschmelzen,[11]*) alles Harte hingegen*
kann nur mit Schwierigkeiten wieder in einen weichen
Zustand zurückgeführt werden. Denn wie die Siegel in

τονται κηροῖς, οὕτως αἱ μαθήσεις ταῖς τῶν ἔτι παιδίων ψυχαῖς ἐναποτυποῦνται. Καί μοι δοκεῖ Πλάτων ὁ δαιμόνιος ἐμμελῶς παραινεῖν ταῖς τίτθαις μηδὲ τοὺς τυχόντας μύθους τοῖς παιδίοις λέγειν, ἵνα μὴ τὰς τούτων ψυχὰς **F** ἐξ ἀρχῆς ἀνοίας καὶ διαφθορᾶς ἀναπίμπλασθαι συμβαίνῃ. Κινδυνεύει δὲ καὶ Φωκυλίδης ὁ ποιητὴς καλῶς παραινεῖν λέγων

> χρὴ παῖδ᾽ ἔτ᾽ ἐόντα
> καλὰ διδάσκειν ἔργα.

6. Οὐ τοίνυν οὐδὲ τοῦτο παραλιπεῖν ἄξιόν ἐστιν, ὅτι καὶ τὰ παιδία τὰ μέλλοντα τοῖς τροφίμοις ὑπηρετεῖν καὶ τούτοις σύντροφα γίνεσθαι ζητητέον πρώτιστα μὲν σπουδαῖα τοὺς τρόπους, ἔτι μέντοι Ἑλληνικὰ καὶ περίτρανα **4** λαλεῖν, ἵνα μή συναναχρωννύμενοι βαρβάροις καὶ τὸ ἦθος μοχθηροῖς ἀποφέρωνταί τι τῆς ἐκείνων φαυλότητος. Καὶ οἱ παροιμιαζόμενοι δέ φασιν, οὐκ ἀπὸ τρόπου λέγοντες, ὅτι Ἄν χωλῷ παροικήσῃς, ὑποσκάζειν μαθήσῃ.

7. Ἐπειδὰν τοίνυν ἡλικίαν λάβωσιν ὑπὸ παιδαγωγοῖς τετάχθαι, ἐνταῦθα δὴ πολλὴν ἐπιμέλειαν ἑκτέον ἐστὶ τῆς τούτων καταστάσεως, ὡς μὴ λάθωσιν ἀνδραπόδοις ἢ βαρβάροις ἢ παλιμβόλοις τὰ τέκνα παραδόντες. Ἐπεὶ νῦν γε τὸ γινόμενον πολλοῖς ὑπερκαταγέλαστόν ἐστι. Τῶν γὰρ δούλων τῶν σπουδαίων τοὺς μὲν γεωργοὺς ἀποδεικνύουσι, **B** τοὺς δὲ ναυκλήρους, τοὺς δ᾽ ἐμπόρους, τοὺς δ᾽ οἰκονόμους, τοὺς δὲ δανειστάς· ὅ τι δ᾽ ἂν εὕρωσιν ἀνδράποδον οἰνόληπτον καὶ λίχνον, πρὸς πᾶσαν πραγματείαν ἄχρηστον, τούτῳ φέροντες ὑποβάλλουσι τοὺς υἱούς. Δεῖ δὲ τὸν σπουδαῖον παιδαγωγὸν τοιοῦτον εἶναι τὴν φύσιν, οἷόσπερ ἦν ὁ Φοῖνιξ ὁ τοῦ Ἀχιλλέως παιδαγωγός. Τὸ δὲ πάντων μέγιστον καὶ κυριώτατον τῶν εἰρημένων ἔρχομαι φράσων. Διδασκάλους

*weiches Wachs gedrückt werden, so muß man die Lehren
den Seelen einprägen, solange sie noch kindlich sind.
So scheint mir der göttliche Platon sehr fein den Ammen einzuschärfen, den kleinen Kindern ja nicht jede
beliebige Geschichte zu erzählen, damit ihre Seelen nicht
gleich von Anbeginn an mit törichten und verdorbenen
Vorstellungen angefüllt werden.[12]) Beherzigenswert dürfte
auch die Mahnung des Dichters Phokylides sein, wenn
er sagt:*

*Noch als Kinder
Müssen das Schöne wir lernen.[13])*

*6. Auch ist nicht außer Acht zu lassen, daß man unter
den Knaben, die die aufzuziehenden Kinder bedienen
und mit diesen zusammen aufgezogen werden sollen,
nur solche aussuchen darf, die anständige Sitten haben
und (gut) Griechisch sprechen, und zwar deutlich;
denn sie sollen nicht vom Umgang mit Barbaren und
Ungesitteten etwas von deren Schlechtigkeit davon-
tragen. Auch in den Sprichwörtern heißt es nicht ohne
Grund: „Wenn man neben einem Lahmen wohnt, lernt
man ein bißchen das Hinken."*

*7. Sind nun die Kinder in das Alter getreten, in dem
man sie in die Hand des Pädagogen[14]) gibt, so muß
man viel Sorgfalt bei deren Bestellung aufwenden, so
daß die Kinder nicht verkehrterweise ausländischen,
minderwertigen Sklaven überlassen werden. Denn
was wenigstens jetzt bei den meisten geschieht, ist
mehr als lächerlich. Aus den tüchtigen Sklaven nämlich machen sie bald Landleute, bald Schiffskapitäne,
dann wieder Kaufleute, Vermögensverwalter oder Gläu-
biger. Finden sie aber einen Sklaven, einen Säufer und
Fresser und damit einen Menschen, der zu jeder anderen Arbeit untauglich ist, so bringen sie zu ihm ihre
Kinder, um sie ihm anzuvertrauen. Ein tüchtiger Päda-*

γὰρ ζητητέον τοῖς τέκνοις, οἳ καὶ τοῖς βίοις εἰσὶν ἀδιά-
βλητοι καὶ τοῖς τρόποις ἀνεπίληπτοι καὶ ταῖς ἐμπειρίαις
ἄριστοι. Πηγὴ γὰρ καὶ ῥίζα καλοκαγαθίας τὸ νομίμου
τυχεῖν παιδείας. Καὶ καθάπερ τὰς χάρακας οἱ γεωργοὶ C
τοῖς φυτοῖς παρατιθέασιν, οὕτως οἱ νόμιμοι τῶν διδασκάλων
ἐπιμελεῖς τὰς ὑποθήκας καὶ παραινέσεις παραπηγνύουσι
τοῖς νέοις, ἵν᾽ ὀρθὰ τούτων βλαστάνῃ τὰ ἤθη. Νῦν δέ τις
κἂν καταπτύσειε τῶν πατέρων ἐνίων, οἵτινες πρὶν δοκι-
μάσαι τοὺς μέλλοντας διδάσκειν, δι᾽ ἄγνοιαν ἔσθ᾽ ὅτε καὶ
δι᾽ ἀπειρίαν ἀνθρώποις ἀδοκίμοις καὶ παρασήμοις ἐγχει-
ρίζουσι τοὺς παῖδας. Καὶ οὔπω τοῦτ᾽ ἐστὶ καταγέλαστον,
εἰ δι᾽ ἀπειρίαν αὐτὸ πράττουσιν, ἐκεῖνο δ᾽ ἐσχάτως ἄτοπον.
Τὸ ποῖον; Ἐνίοτε γὰρ εἰδότες, αἰσθόμενοι ἢ ἄλλων
αὐτοῖς τοῦτο λεγόντων τὴν ἐνίων τῶν παιδευτῶν ἀπειρίαν ἅμα καὶ μοχθηρίαν, ὅμως τούτοις ἐπιτρέπουσι τοὺς D
παῖδας· οἱ μὲν ταῖς τῶν ἀρεσκευομένων ἡττώμενοι κολα-
κείαις· εἰσὶ δ᾽ οἳ δεομένοις χαριζόμενοι φίλοις, παρόμοιον
ποιοῦντες, ὥσπερ ἂν εἴ τις τῷ σώματι κάμνων, τὸν σὺν
ἐπιστήμῃ δυνηθέντ᾽ ἂν σῶσαι παραλιπών, φίλῳ χαριζό-
μενος τὸν δι᾽ ἀπειρίαν ἀπολέσαντα αὐτὸν προέλοιτο, ἢ
ναύκληρον τὸν ἄριστον ἀφεὶς τοιοῦτον δοκιμάσειε
φίλου δεηθέντος. Ζεῦ καὶ θεοὶ πάντες, πατήρ τις καλού-

goge muß dagegen Anlagen haben, wie sie Phönix hatte,[15]*) der Erzieher des Achilleus. Und nun komme ich zum Wesentlichen und Wichtigsten von allem bisher Gesagten: Man suche für seine Kinder Lehrer, die in ihrem Lebenswandel unbescholten, in ihren Charakteranlagen untadelig und in ihren Erfahrungen ausgezeichnet sind. Quelle und Wurzel nämlich der Kalokagathie*[16]*) ist eine in allem rechte Erziehung; und wie der Landmann Pfähle neben die Pflänzchen setzt, so stützt der rechte Lehrer die jungen Menschen mit sorgsamen Mahnvorschriften, auf daß ihr Charakter aufrecht emporwachse. Jetzt aber kann man wirklich einige Väter verwünschen, die vor (eingehender) Prüfung der zukünftigen Lehrer — sei es aus Unverstand, sei es aus Mangel an Erfahrung — ihre Kinder unwürdigen und schlechten Leuten anvertrauen. Zwar ist es noch nicht lächerlich, wenn sie es aus Mangel an Erfahrung tun. Wohl aber ist folgendes in vollendetem Maße sinnlos. Und was meine ich? — Daß (die Väter) auf Grund eigener Wahrnehmung oder Mitteilung von fremder Seite, obwohl sie von der mit gemeinem Charakter verbundenen Unbildung einzelner Lehrer wissen, diesen ihre Kinder doch zuweilen übergeben, teils betört durch die Schmeicheleien derer, die auf sie Eindruck machen wollen, manchmal aber auch, weil sie sich ihren Freunden, die sie darum bitten, gefällig zu erweisen trachten. Sie handeln damit wie ein Kranker, der von dem wirklichen Arzt, der ihn mit seiner Erfahrung hätte retten können, weggeht und einem Freunde zuliebe einen anderen Arzt herbeiruft, der ihn durch Unerfahrenheit zum Tode befördert, oder wie einer, der einen ausgezeichneten Schiffsführer entläßt und sich für einen entsprechenden (Nichtskönner) entscheidet, wiederum, weil ihn ein Freund darum gebeten. Zeus und all ihr Götter, da heißt einer Vater und gibt mehr auf eine*

μενος πλείω λόγον τῆς τῶν δεομένων ποιεῖται χάριτος ἢ
τῆς τῶν τέκνων παιδεύσεως; Εἶτ' οὐκ εἰκότα πολλάκις
Σωκράτης ἐκεῖνος ὁ παλαιὸς ἔλεγεν, ὅτι, εἴπερ ἄρα δυνατὸν
ἦν, ἀναβάντα ἐπὶ τὸ μετεωρότατον τῆς πολεως ἀνακραγεῖν B
μέρος, Ὦ ἄνθρωποι, ποῖ φέρεσθε, οἵτινες χρημάτων μὲν
κτήσεως περὶ πᾶσαν ποιεῖσθε σπουδήν, τῶν δ' υἱέων, οἷς
ταῦτα καταλείψετε, μικρὰ φροντίζετε; Τούτοις δ' ἂν ἔγωγε
προσθείην, ὅτι οἱ τοιοῦτοι πατέρες παραπλήσιον ποιοῦσιν,
οἷον εἴ τις τοῦ μὲν ὑποδήματος φροντίζοι, τοῦ δὲ ποδὸς
ὀλιγώρως ἔχοι. Πολλοὶ δ' εἰς τοσοῦτο τῶν πατέρων προ-
βαίνουσι φιλαργυρίας ἅμα καὶ μισοτεκνίας, ὥσθ', ἵνα μὴ
πλείονα μισθὸν τελέσωιαν, ἀνθρώπους τοὺς μηδενὸς τιμίους
αἱροῦνται τοῖς τέκνοις παιδευτάς, εὔωνον ἀμαθίαν διώκον- F
τες. Ἦι καὶ Ἀρίστιππος οὐκ ἀκόμψως, ἀλλὰ καὶ πάνυ
ἀστείως ἐπέσκωψε τῷ λόγῳ πατέρα νοῦ καὶ φρενῶν κενόν.
Ἐρωτήσαντος γάρ τινος αὐτόν, πόσον αἰτοίη μισθὸν ὑπὲρ
τῆς τοῦ τέκνου παιδεύσεως, Χιλίας, ἔφη, δραχμάς. Τοῦ
δ', Ἡράκλεις, εἰπόντος, ὡς ὑπέρπολυ [τὸ αἴτημα]· δύναμαι
γὰρ ἀνδράποδον χιλίων πρίασθαι· τοιγαροῦν, εἶπε, δύο 5
ἕξεις ἀνδράποδα, καὶ τὸν υἱὸν καὶ ὃν ἂν πρίῃ.

Τὸ δ' ὅλον πῶς οὐκ ἄτοπον τῇ μὲν δεξιᾷ συνεθίζειν
[τὰ παιδία] δέχεσθαι τὰς τροφάς, κἂν εἰ προτείνειε τὴν
ἀριστερὰν ἐπιτιμᾶν, μηδεμίαν δὲ ποιεῖσθαι πρόνοιαν τοῦ
λόγων ἐπιδεξίων καὶ νομίμων ἀκούειν; Τί οὖν συμβαίνει
τοῖς θαυμαστοῖς πατράσιν, ἐπειδὰν κακῶς μὲν θρέψωσι,
κακῶς δὲ παιδεύσωσι τοὺς υἱούς; ἐγὼ φράσω. Ὅταν γὰρ
εἰς ἄνδρας ἐγγραφέντες τοῦ μὲν ὑγιαίνοντος καὶ τεταγμένου
βίου καταφρονήσωσιν, ἐπὶ δὲ τὰς ἀτάκτους καὶ ἀνδραπο-
δώδεις ἡδονὰς ἑαυτοὺς κρημνίσωσι, τότε δὴ μεταμελοῦνται E

Gefälligkeit für Menschen, die ihm mit Bitten anliegen, als auf die Erziehung seiner Kinder! Hatte nicht jener alte Sokrates[17]) oft ganz recht, wenn er sagte, er würde, sofern es möglich wäre, auf den höchsten Punkt der Stadt steigen und hinausschreien: „O ihr Menschen, wo treibt ihr hin? Die ihr, um Schätze zu besitzen, jede Eile aufwendet und euch um eure Söhne nur ganz geringe Sorge macht, denen ihr diese Güter einmal hinterlassen werdet?" Ich möchte hinzufügen, daß solche Väter ganz ähnlich handeln, wie wenn beispielshalber einer sich zwar um den Schuh kümmert, den Fuß aber völlig vernachlässigt. Ja, bei vielen Vätern steigern sich Geldgier und Kinderhaß derart, daß sie, um nicht ein höheres Gehalt geben zu müssen, sich die nichtswürdigsten Menschen aussuchen; sie jagen damit lediglich einer wohlfeilen Unwissenheit nach. Im Hinblick darauf verspottete einst auch Aristippos[18]) recht geschickt und in sehr eleganter Weise einen Vater, dessen Hirn geistig völlig entleert war. Denn als ihn jemand fragte, wieviel Bezahlung er für den Unterricht seines Sohnes fordere, antwortete er: „Tausend Drachmen." „Beim Herakles!" erwiderte jener, „was ist das für eine Übertreibung! Für tausend Drachmen kann ich mir ja einen Sklaven kaufen." „Kann sein", sagte Aristipp, „so wirst du demnach zwei Sklaven haben, deinen Sohn und den, den du dir kaufst."

Und überhaupt, ist es nicht völlig sinnlos, daß man zwar jemanden mit der rechten Hand zu essen gewöhnt und ihn schilt, wenn er die Linke gebraucht, sich aber nicht entfernt darum kümmert, daß er einen wirklich guten Unterricht anhört? Und was erleben solche wunderlichen Väter, wenn sie ihre Söhne so schlecht aufziehen, so schlecht unterrichten lassen? Ich will es euch sagen: Sind die Söhne Männer geworden und stürzen sich nun, ohne einer gesunden und

[τὴν τῶν τέκνων παιδείαν], ὅτ᾽ οὐδὲν ὄφελος, τοῖς
ἐκείνων ἀδικήμασιν ἀδημονοῦντες. Οἱ μὲν γὰρ αὐτῶν
κόλακας καὶ παρασίτους ἀναλαμβάνουσιν, ἀνθρώπους ἀσή-
μους καὶ καταράτους καὶ τῆς νεότητος ἀνατροπέας καὶ
λυμεῶνας, οἱ δέ τινες ἑταίρας καὶ χαμαιτύπας μισθοῦνται
σοβαρὰς καὶ πολυτελεῖς, οἱ δέ κατοψοφαγοῦσιν, οἱ δ᾽ εἰς
κύβους καὶ κώμους ἐξοκέλλουσιν· ἤδη δέ τινες καὶ τῶν
νεανικωτέρων ἅπτονται κακῶν, μοιχεύοντες καὶ οἰκοφθοροῦντες καὶ μίαν ἡδονὴν θανάτου τιμώμενοι. Φιλοσόφῳ
δ᾽ ὁμιλήσαντες † οὗτοι οὐ τοῖς ἴσοις πράγμασιν ἑαυτοὺς C
ἂν καταπειθεῖς παρέσχοντο· καὶ τό γε παράγγελμα τοῦ
Διογένους ἔμαθον ἄν, ὃς φορτικῶς μὲν τοῖς ῥήμασιν, ἀληθῶς δὲ τοῖς πράγμασι παραινεῖ καί φησιν Εἴσελθε εἰς
πορνεῖον, παῖ, ἵνα μάθῃς, ὅτι τῶν ἀναξίων τὰ τίμια
οὐδὲν διαφέρει.

8. Συνελὼν τοίνυν ἐγώ φημι — καὶ χρησμολογεῖν μᾶλλον
ἢ παραινεῖν δόξαιμ᾽ ἂν εἰκότως —, ὅτι ἓν πρῶτον καὶ μέσον
καὶ τελευταῖον ἐν τούτοις κεφάλαιον ἀγωγὴ σπουδαία καὶ
παιδεία νόμιμός ἐστι· καὶ ταῦτα φορὰ καὶ συνεργὰ πρὸς
ἀρετὴν καὶ πρὸς εὐδαιμονίαν φημί. Καὶ τὰ μὲν ἄλλα τῶν
ἀγαθῶν ἀνθρώπινα καὶ μικρὰ καὶ οὐκ ἀξιοσπούδαστα
καθέστηκεν. Εὐγένεια καλὸν μέν, ἀλλὰ προγόνων ἀγαθόν. D
Πλοῦτος δὲ τίμιον μέν, ἀλλὰ τύχης κτῆμα· ἐπειδὴ τῶν
μὲν ἐχόντων πολλάκις ἀφείλετο, τοῖς δ᾽ οὐκ ἐλπίσασι
φέρουσα προσήνεγκε· καὶ ὁ πολὺς πλοῦτος σκοπὸς ἔκκειται
τοῖς βουλομένοις βαλλάντια τοξεύειν, κακούργοις οἰκέταις
καὶ συκοφάνταις, καὶ τὸ μέγιστον, ὅτι καὶ τοῖς πονηροτά-
τοις μέτεστι. Δόξα γε μὴν σεμνὸν ⟨μέν⟩, ἀλλ᾽ ἀβέβαιον

geordneten Lebensführung zu achten, in die lieder-
lichsten und gemeinsten Lüste, dann reut es die Väter
[ob der Erziehung ihrer Kinder], weil dabei gar nichts
herausgekommen ist, und sie sind betrübt über die
Untaten ihrer Söhne. Denn die einen hängen sich an
Schmeichler und Schmarotzer, dies niederträchtige,
fluchwürdige Pack, das die Jugend völlig verdirbt und
zugrunde richtet; andere halten sich unverschämte und
kostspielige Hetären und Dirnen. Diese vergeuden das
Ihrige in Leckereien, jene landen bei Würfelspiel und
Saufgelagen. Manche ergeben sich gar noch frecheren
Lastern, treiben Ehebruch und maßlose Verschwendung
und sind imstande, eine einzige Lust mit der Gefahr
des eigenen Lebens zu erkaufen. Hätten diese (früher)
mit einem Philosophen verkehrt, so hätten sie sich
nicht in solch vollendeter Hörigkeit dem gleichen Treiben überlassen und würden sich wenigstens den Ausspruch des Diogenes gemerkt haben, der mit sehr derben
Worten, die aber den Kern der Sache treffend kennzeichnen, sich äußerte: „Geh in ein Bordell, mein junger
Freund, und du lernst dort, daß es zwischen Kostbarem
und Wohlfeilem keinen Unterschied (mehr) gibt.“[19])

8. Zusammenfassend behaupte ich also, auch
wenn meine Worte eher nach Weissagung[20]) als nach
Ermahnung klingen, daß Anfang, Mitte und Ende in
alledem eine ernste Erziehung und eine rechte Unterweisung sind, und zwar in zusammengefaßter Einheit;
und ich bezeichne die Erziehung als wirksamen und
förderlichen Antrieb[21]) zur Tugend und zur Glückseligkeit.[22]) Sind doch die sonstigen Güter vergänglich und
von geringem Wert, und sie verdienen es nicht, daß
man nach ihnen strebt.[23]) Adel ist etwas Schönes, aber
ein Erbgut.[24]) Reichtum ist eine Kostbarkeit, aber ein
Besitz in den Händen des Glücks,[25]) denn oft nimmt
das Glück den Reichtum den Besitzenden und schenkt

Κάλλος δὲ περιμάχητον μέν, ἀλλ' ὀλιγοχρόνιον. Ὑγίεια δὲ τίμιον μέν, ἀλλ' εὐμετάστατον. Ἰσχὺς δὲ ζηλωτὸν μέν, ἀλλὰ νόσῳ εὐάλωτον καὶ γήρᾳ. Τὸ δ' ὅλον, εἴ τις ἐπὶ τῇ τοῦ σώματος ῥώμῃ φρονεῖ, μαθέτω γνώμης διαμαρτάνων. E Πόσον γάρ ἐστιν ἰσχὺς ἀνθρωπίνη τῆς τῶν ἄλλων ζῴων δυνάμεως; λέγω δ' οἷον ἐλεφάντων καὶ ταύρων καὶ λεόντων.

Παιδεία δὲ τῶν ἐν ἡμῖν μόνον ἐστὶν ἀθάνατον καὶ θεῖον, καὶ δύο τὰ πάντων ἐστὶ κυριώτατα ἐν ἀνθρωπίνη φύσει, νοῦς καὶ λόγος. Καὶ ὁ μὲν νοῦς ἀρχικός ἐστι τοῦ λόγου· ὁ δὲ λόγος ὑπηρετικὸς τοῦ νοῦ· τύχῃ μὲν ἀνάλωτος, συκοφαντίᾳ δ' ἀναφαίρετος, νόσῳ δ' ἀδιάφθορος, γήρᾳ δ' ἀλύμαντος. Μόνος γὰρ ὁ νοῦς παλαιούμενος ἀνηβᾷ· καὶ ὁ χρόνος τἆλλα πάντ' ἀφαιρῶν τῷ γήρᾳ προστίθησι τὴν ἐπιστήμην. Ὅ γε μὴν πόλεμος χειμάρρου δίκην πάντα F σύρων καὶ πάντα φέρων μόνην οὐ δύναται παιδείαν παρελέσθαι. Καί μοι δοκεῖ Στίλπων ὁ Μεγαρεὺς φιλόσοφος ἀξιομνημόνευτον ποιῆσαι ἀπόκρισιν, ὅτε Δημήτριος ἐξανδραποδισάμενος τὴν πόλιν εἰς ἔδαφος κατέβαλε. ὁ δὲ τὸν Στίλπωνα ἤρετο, μή τι ἀπολωλεκὼς εἴη. καὶ ὅς, Οὐ δῆτα, εἶπε, πόλεμος γὰρ οὐ λαφυραγωγεῖ ἀρετήν. Σύμφωνος δὲ καὶ 6

— 26 —

und trägt ihn denen zu, die gar nicht auf ihn hoffen konnten.[26]) Zudem ist großer Reichtum das Ziel für alle, die auf Beutelschneiderei ausgehen, nichtsnutzige Sklaven und Sykophanten;[27]) und was das Ärgste ist, Reichtum besitzen auch ganz verworfene Menschen. Ruhm ist etwas Erhabenes, aber Unstetes. Schönheit ist begehrenswert, aber flüchtig. Gesundheit ist etwas Wertvolles, wandelt sich aber leicht. Körperkraft ist begehrenswert, doch kann sie durch Krankheit und Alter leicht genommen werden; und überhaupt, will einer sich auf seine Körperkraft etwas einbilden, so erkenne er nur gleich seinen Irrtum. Denn was ist Menschenkraft gegen die Kraft mancher Tiere, wie der Elefanten, Stiere, Löwen!

Nur die Bildung ist von allem, was wir besitzen, etwas Unsterbliches, Göttliches; und unter allem sind zwei Dinge in der Menschennatur von höchster Bedeutung,[28]) Vernunft (Nūs) und Sprache (Logos), wobei die Vernunft dem Worte gebietet, das Wort aber der Vernunft untertan ist. Die Vernunft ist für das sich wandelnde Glück uneinnehmbar und vermag durch Verleumdung nicht entrissen, durch Krankheit nicht vernichtet, durch Alter nicht verletzt zu werden. Vernunft allein verjüngt sich, auch wenn sie altert, und die Zeit, die sonst alles fortnimmt — dem Alter mehrt sie die Einsicht.[29]) Selbst der Krieg, der wie ein tosender Gießbach alles mit sich reißt, alles davonträgt, kann einzig die geistige Bildung nicht vernichten. In diesem Zusammenhang scheint mir eine Antwort Stilpons,[30]) des Philosophen von Megara, der Erinnerung wert. Als Demetrios[31]) die Stadt (Megara) erobert und dem Erdboden gleichgemacht hatte und an Stilpon die Frage richtete, ob er nicht etwas verloren habe, entgegnete dieser: „Ganz und gar nicht; denn der Krieg kann die Tugend sich nicht zur Beute machen." Dazu stimmt

συνῳδὸς καὶ ἡ Σωκράτους ἀπόκρισις ταύτῃ φαίνεται. Καὶ γὰρ οὗτος, ἐρωτήσαντος αὐτόν — μοι δοκεῖ — Γοργίου, ἣν ἔχοι περὶ τοῦ μεγάλου βασιλέως ὑπόληψιν καὶ εἰ νομίζοι τοῦτον εὐδαίμονα εἶναι, Οὐκ οἶδ', ἔφησε, πῶς ἀρετῆς καὶ παιδείας ἔχει, ὡς τῆς εὐδαιμονίας ἐν τούτοις, οὐκ ἐν τοῖς τυχηροῖς ἀγαθοῖς κειμένης.

9. Ὥσπερ δὲ παραινῶ τῆς παιδείας τῶν τέκνων μηδὲν ποιεῖσθαι προὐργιαίτερον, οὕτως αὖ πάλιν φημὶ δεῖν τῆς ἀδιαφθόρου καὶ ὑγιαινούσης ἔχεσθαι· τῶν δὲ πανηγυρικῶν λήρων ὡς πορρωτάτω τοὺς υἱεῖς ἀπάγειν. Τὸ γὰρ τοῖς πολλοῖς ἀρέσκειν τοῖς σοφοῖς ἐστιν ἀπαρέσκειν. Μαρ- B τυρεῖ δέ μου τῷ λόγῳ καὶ Εὐριπίδης λέγων

Ἐγὼ δ' ἄκομψος εἰς ὄχλον δοῦναι λόγον,
Εἰς ἥλικας δὲ κὠλίγους σοφώτερος.
⟨Ἔχει δὲ μοῖραν καὶ τόδ'⟩· οἱ γὰρ ἐν σοφοῖς
Φαῦλοι παρ' ὄχλῳ μουσικώτεροι λέγειν.

Ὁρῶ δ' ἔγωγε τοὺς τοῖς συρφετώδεσιν ὄχλοις ἀρεστῶς καὶ κεχαρισμένως ἐπιτηδεύοντας λέγειν καὶ τὸν βίον ὡς τὰ πολλὰ ἀσώτους καὶ φιληδόνους ἀποβαίνοντας. Καὶ νὴ Δί' εἰκότως. Εἰ γὰρ ἄλλοις ἡδονὰς παρασκευάζοντες ἀμελοῦσι τοῦ καλοῦ, σχολῇ γ' ἂν τῆς ἰδίας ἡδυπαθείας καὶ τρυφῆς ὑπεράνω τὸ ὀρθὸν καὶ ὑγιὲς ποιήσαιντο, [ἢ] τὸ σῶφρον ἀντὶ C τοῦ τερπνοῦ διώκοντες. Πρὸς δὲ τούτοις ..... τί ἂν τοὺς παῖδας ......; Καλὸν γάρ τοι μηδὲν εἰκῇ μήτε λέγειν μήτε πράττειν, καὶ κατὰ τὴν παροιμίαν Χαλεπὰ τὰ καλά. Οἱ δ'

auch völlig, wie mir scheint, die folgende bekannte Antwort des Sokrates.[32]) Als dieser, ich glaube, von Gorgias gefragt wurde, welche Meinung er über den Perserkönig habe und ob er ihn für glücklich halten könne,[33]) hat er ihm erwidert: „Ich weiß nicht, wie es um seine Tugend und Weisheit steht" — nach Sokrates' Anschauung gibt es Glückseligkeit nur in diesen beiden (Tugend und Weisheit), nicht aber in den dem Zufälligen unterworfenen Gütern.

9. Wenn ich demnach anrate, die geistige Ausbildung der Knaben für das Allerwichtigste zu halten, so behaupte ich hinwiederum, daß die geistige Ausbildung selbst, an die man sich hält, unerschütterlich und gesund sein muß und daß man weiter seine Söhne vom Geschwätz der Lobredner so weit wie möglich fernhalten soll. Denn der Menge gefallen heißt den Weisen mißfallen.[34]) Zeuge für die Richtigkeit dieser meiner Behauptung ist Euripides, von dem die Verse stammen:

Vorm Volke meine Sache führen kann ich nicht,
Vor wenigen Freunden möcht' ich wohl geschickter sein.
Natürlich — denn wer unter Weisen ungeschickt,
Weiß bess're Seiten anzuschlagen vor dem Volk.[35])

Ich wenigstens weiß genau, daß diejenigen, die dem gemeinen Pöbel willfährig nach dem Munde reden, bestrebt sind, meistenteils auch ihr Leben schwelgerisch und lüstern zu durchleben. In der Tat ist dies auch ganz natürlich, denn wer den Lüsten anderer fröhnend das Schöne vernachlässigt, der wird kaum je dem Geraden und Gesunden vor seiner eigenen Wollust und Schwelgerei den Vorzug geben und statt des Vergnügens Enthaltsamkeit suchen. Dazu weiter . . . . . .
Was . . . . die Kinder . ?
Denn es ist wahrlich etwas Schönes, wenn man nichts ohne klare Überlegung sagt und tut. Auch im Sprich-

αὐτοσχέδιοι τῶν λόγων πολλῆς εὐχερείας καὶ ῥᾳδιουργίας εἰσὶ πλήρεις, οὔθ' ὅθεν ἀρκτέον οὔθ' ὅποι παυστέον ἐστὶν εἰδότων. Χωρὶς δὲ τῶν ἄλλων πλημμελημάτων οἱ ἂν ἐκ τοῦ παραχρῆμα λέγωσιν, εἰς ἀμετρίαν δεινὴν ἐμπίπτουσι καὶ πολυλογίαν. Σκέψις δ' οὐκ ἐᾷ τῆς ἱκνουμένης συμμετρίας τὸν λόγον ἐκβαίνειν. Ὁ Περικλῆς, ὡς ἡμῖν ἀκούειν παραδέδοται, καλούμενος ὑπὸ τοῦ δήμου πολ- D λάκις οὐχ ὑπήκουσε, λέγων ἀσύντακτος εἶναι. Ὡσαύτως δὲ καὶ Δημοσθένης ζηλωτὴς τῆς τούτου πολιτείας γενόμενος, καλούντων αὐτὸν τῶν Ἀθηναίων σύμβουλον, ἀντέβαινεν, Οὐ συντέταγμαι, λέγων. Καὶ ταῦτα μὲν ἴσως ἀδέσποτός ἐστι καὶ πεπλασμένη παράδοσις, ἐν δὲ τῷ κατὰ Μειδίου τὴν τῆς σκέψεως ὠφέλειαν ἐναργῶς παρίστησι. Φησὶ γοῦν, Ἐγὼ δ' ἐσκέφθαι μέν, ὦ <ἄνδρες> Ἀθηναῖοι, φημὶ κοὐκ ἂν ἀρνηθείην καὶ μεμελετηκέναι γ' ὡς ἐνῆν μάλιστ' ἐμοί· καὶ γὰρ ἂν ἄθλιος ἦν, εἰ τοιαῦτα παθὼν καὶ πάσχων ἠμέλουν ὧν περὶ τούτων ἐρεῖν ἔμελλον < πρὸς E ὑμᾶς >.

Τὸ δὲ δεῖν παντάπασιν ἀποδοκιμάζειν τῶν λόγων τὴν ἑτοιμότητα καὶ ταύτην οὐδ' ἐπ' ἀξίοις ἀσκεῖν οὐ φαίην ἂν ἔγωγε, ἀλλ' ὡς ἐν φαρμάκου μοίρᾳ τοῦτο ποιητέον ἐστί. Μέχρι δὲ τῆς τῶν ἀνδρῶν ἡλικίας οὐδὲν ἐκ τοῦ παρατυχόντος ἀξιῶ λέγειν. ἀλλ' ὅταν τις ῥιζώσῃ τὴν δύναμιν, τότε τοῦτον τῶν καιρῶν καλούντων ἐλευ-

wort heißt es: „Etwas Schwieriges ist es um das Schöne."[36]) Die Stegreifreden[37]) aber sind von ausgesprochener Leichtfertigkeit, zumal die Redner keine Ahnung davon haben, weder womit man (seine Darstellung) einleitet, noch welches ihr Ziel ist, auf das sie zugeführt werden sollen. Und von allen sonstigen Fehlern abgesehen, geraten solche Gelegenheitsredner in eine unerträgliche Disharmonie und Geschwätzigkeit. Gehörige Vorbereitung hingegen läßt die Rede nicht das ihr zugehörige Ebenmaß überschreiten. Es ist uns überliefert,[38]) Perikles habe oft dem Volke, wenn es ihn zu einer Rede aufforderte, kein Gehör gegeben mit der Begründung, er sei nicht vorbereitet. Ebenso trat Demosthenes[39]), zumal in seiner leidenschaftlichen Bewunderung für die perikleische Staatsform, den Athenern entgegen, als sie ihn zu ihrem Ratgeber bestellten; auch er erklärte ihnen: „Ich bin nicht vorbereitet." Vielleicht liegt hier eine anonyme und erdichtete Überlieferung vor. Doch hebt er in seiner Rede gegen Meidias den Nutzen der Vorbereitung (mit folgenden Worten) ganz klar hervor: „Ich kann sehr wohl behaupten, ihr Männer von Athen, daß ich vorbereitet bin, und möchte nicht verschweigen, daß ich auf die Rede, soweit ich konnte, auch gehörige Arbeit verwendet habe. Denn ich wäre doch ein erbärmlicher Geselle, wenn ich, der ich Derartiges ausgestanden habe und noch ausstehe, mich nicht darum kümmerte, in welcher Weise ich in einer Rede an euch zu dieser Sache Stellung nehmen würde."

Übrigens möchte ich damit nicht sagen, daß die Stegreifreden völlig zu verwerfen sind und nicht doch bei wirklich bedeutenden Anlässen diese Fertigkeit angewandt werden soll; aber man darf von ihnen doch nur Gebrauch machen als von einem Rettungsmittel (in Gefahr). Aber bis zum Eintritt des Mannesalters ge-

θεριάζειν τοῖς λόγοις προσῆκεν. Ὥσπερ γὰρ οἱ πολὺν
χρόνον δεθέντες, κἂν <εἶ> λυθεῖεν ὕστερον, ὑπὸ τῆς πολυ-
χρονίου τῶν δεσμῶν συνηθείας οὐ δυνάμενοι βαδίζειν
ὑποσκελίζονται, τὸν αὐτὸν τρόπον οἱ πολλῷ χρόνῳ τὸν
λόγον σφίγξαντες, κἂν εἴ ποτε ἐκ τοῦ παραχρῆμα δεήσειεν
εἰπεῖν, οὐδὲν ἧττον τὸν αὐτὸν τῆς ἑρμηνείας χαρακτῆρα F
φυλάττουσι. Τὸ δ' ἔτι παῖδας ὄντας ἐᾶν ἐπὶ καιροῦ λέγειν
ματαιολογίας τῆς ἐσχάτης αἴτιον καθίσταται. Ζωγράφος,
φασίν, ἄθλιος Ἀπελλῇ δείξας εἰκόνα, Ταύτην, ἔφη, νῦν
γέγραφα· ὁ δέ, Καὶ ἦν μὴ λέγῃς, εἶπεν, οἶδ' ὅτι ταχὺ 7
γέγραπται· θαυμάζω δέ, πῶς οὐχὶ τοιαύτας πλείους
γέγραφας.

Ὥσπερ τοίνυν — ἐπανάγω γὰρ πρὸς τὴν ἐξ ἀρχῆς
τοῦ λόγου ὑπόθεσιν — τὸ θεατρικὸν καὶ παρατράγῳδον,
οὕτως αὖ πάλιν καὶ τὴν σμικρολογίαν τῆς λέξεως καὶ
ταπείνωσιν παραινῶ διευλαβεῖσθαι καὶ φεύγειν· ἡ μὲν γὰρ
ὑπέρογκος ἀπολίτευτός ἐστιν, ἡ δ' ἰσχνὴ λίαν ἀνέκπληκτος.
Καθάπερ δὲ τὸ σῶμα οὐ μόνον ὑγιεινὸν ἀλλὰ καὶ εὐεκ-
τικὸν εἶναι χρή, καὶ τὸν λόγον ὡσαύτως οὐκ ἄνοσον μόνον,
ἀλλὰ καὶ εὔρωστον εἶναι δεῖ. Τὸ μὲν γὰρ ἀσφαλὲς ἐπαι-
νεῖται μόνον, τὸ δ' ἐπικίνδυνον καὶ θαυμάζεται. Τὴν
<αὐτὴν> δὲ τυγχάνω γνώμην ἔχων καὶ περὶ τῆς ἐν τῇ B
ψυχῇ διαθέσεως· οὔτε γὰρ θρασὺν οὔτ' ἄτολμον καὶ καταπλῆγα προσῆκεν εἶναι· τὸ μὲν γὰρ εἰς ἀναισχυντίαν, τὸ δ'
εἰς ἀνδραποδωδίαν περιίσταται· ἔντεχνον δὲ τὸ τὴν μέσην

*statte ich die Stegreifrede nicht. Sobald der Mann eine
wirkliche Sicherheit gewonnen hat, sollte er schon, wenn
der Augenblick (ihn) ruft, mit freiem Vortrag auftreten.
Denn wie ein Gefangener, wenn er frei wird, infolge
seiner langdauernden Gewöhnung an die Fesseln, un-
fähig zu gehen, hin und hertaumelt, ebenso kennzeichnet auch diejenigen, die lange Zeit hindurch ihre Rede
gleichsam wie mit Banden umschnürt gehalten haben,
wenn sie einmal frei aus dem Stegreif heraus reden
sollen, dieselbe Unsicherheit in ihrem Vortrag.*[40]) *Menschen
bereits im Kindesalter aus dem Stegreif reden zu lassen,
führt lediglich zu nichtssagendem Geschwätz. Ein jäm-
merlicher Maler, so erzählt man, zeigte (einst) dem
Apelles*[41]) *ein Bild und setzt hinzu: „Dies habe ich in
diesem Augenblick gemalt." Apelles sagte darauf: „Auch
wenn du das nicht bemerkt hättest, weiß ich, daß es
schnell gemalt worden ist. Nur wundere ich mich, daß
du nicht mehr Gemälde von solcher Art fertiggebracht
hast." —
Wie ich nun — und damit komme ich auf das
gleich anfangs entwickelte Thema meiner Darlegung
zurück — den theatralischen und von falschem Pathos
erfüllten Vortrag sorgfältig zu vermeiden rate,*[42]) *so
meide man auf der anderen Seite auch das Kleinliche
und Niedrige im Vortrag. Denn schwülstige Darstellung
taugt nicht für die Behandlung öffentlicher Angelegen-
heiten, zu trockene aber hinterläßt keinerlei Eindruck.
Wie der Körper nicht nur gesund sein muß, sondern sich auch in einem guten Allgemeinzustand befin-
den soll, so darf auch die Rede nicht fehlerhaft sein;
im Gegenteil, sie sei kraftvoll. Was nämlich korrekt ist,
wird lediglich gelobt, was aber ein Wagnis darstellt,
wird noch obendrein bewundert. Ich hege die gleiche
Ansicht auch hinsichtlich der Verfassung der Seele.
Darf man doch weder verwegen noch feige und schüch-*

ἐν ἅπασι τέμνειν ἐμμελές τε. Βούλομαι δ’, ἕως ἔτι
μέμνημαι τῆς παιδείας, ὡς ἔχω δόξης περὶ αὐτῆς εἰπεῖν,
ὅτι τὸν μονόκωλον λόγον πρῶτον μὲν ἀμουσίας οὐ μικρὸν
ποιοῦμαι τεκμήριον· ἔπειτα δὲ καὶ πρὸς τὴν ἄσκησιν
ἁψίκορον καὶ πάντη ἀνεπίμονον εἶναι νομίζω. Μονῳδία
γὰρ ἐν ἅπασίν ἐστι πλήσμιόν τε καὶ πρόσαντες, ἡ δὲ
ποικιλία τερπνόν, καθάπερ κἂν τοῖς ἄλλοις ἅπασιν, οἷον
ἀκούσμασιν ἢ θεάμασιν.

10. Δεῖ τοίνυν τὸν παῖδα τὸν ἐλεύθερον μηδενὸς μηδὲ C
τῶν ἄλλων τῶν καλουμένων ἐγκυκλίων παιδευμάτων
μήτε ἀνήκοον μήτ’ ἀθέατον ἐᾶν εἶναι, ἀλλὰ ταῦτα μὲν ἐκ
παραδρομῆς μαθεῖν, ὡσπερεὶ γεύματος ἕνεκεν — ἐν ἅπασι
γὰρ τὸ τέλειον ἀδύνατον —, τὴν δὲ φιλοσοφίαν πρεσβεύειν.
Ἔχω δὲ δι’ εἰκόνος παραστῆσαι τὴν ἐμαυτοῦ γνώμην·
ὥσπερ γὰρ περιπλεῦσαι μὲν πολλὰς πόλεις καλόν, ἐνοικῆ-
σαι δὲ τῇ κρατίστῃ χρήσιμον. Ἀστείως δὲ καὶ Βίων ἔλεγεν
ὁ φιλόσοφος, ὅτι, ὥσπερ οἱ μνηστῆρες τῇ Πηνελόπῃ πλη-
σιάζειν μὴ δυνάμενοι ταῖς ταύτης ἐμίγνυντο θεραπαίναις,
οὕτω καὶ οἱ φιλοσοφίας μὴ δυνάμενοι κατατυχεῖν ἐν τοῖς D
ἄλλοις παιδεύμασι τοῖς οὐδενὸς ἀξίοις ἑαυτοὺς κατασκελε-
τεύουσι. Διὸ δεῖ τῆς ἄλλης παιδείας ὥσπερ κεφάλαιον
ποιεῖν τὴν φιλοσοφίαν. Περὶ μὲν γὰρ τὴν τοῦ σώματος
ἐπιμέλειαν διττὰς εὗρον ἐπιστήμας οἱ ἄνθρωποι, τὴν
ἰατρικὴν καὶ τὴν γυμναστικήν· ὧν ἡ μὲν τὴν ὑγίειαν, ἡ
δὲ τὴν εὐεξίαν ἐντίθησι. Τῶν δὲ τῆς ψυχῆς ἀρρωστη-
μάτων καὶ παθῶν ἡ φιλοσοφία μόνη φάρμακόν ἐστι.

tern sein. *Das eine führt nämlich zur Unverschämtheit, das andere zur Unterwürfigkeit. Es ist schon eine Kunst, in allem den Mittelweg einzuhalten und es gehört ein feines Empfinden dazu.*[43]) So will ich denn, solange ich noch von der Erziehung spreche, meine Auffassung von ihr dahin abgeben, daß erstens eine einförmige Rede ein wesentlicher Beweis für eine gänzlich ungebildete Haltung ist, und weiter bin ich bezüglich des Vortrags überzeugt, daß er Überdruß hervorruft und nicht zu ertragen ist. *Denn Einförmigkeit wird überall zum Ekel und erzeugt Widerwillen. Nur Mannigfaltigkeit ruft Freude hervor.*[44]) Das ist in allen anderen Dingen so, also z. B. auch in dem, was vor Ohr und Auge kommt.

10. Weiterhin darf man nicht dulden, daß ein freigeborener junger Mann gar nichts von den übrigen sogenannten enzyklischen Wissenschaften[45]) hört oder sieht. Er soll diese mindestens im Vorübergehen kennenlernen, gewissermaßen um eine Kostprobe von ihnen zu nehmen — denn in allem Vollendung zu erlangen, ist unmöglich —; der Philosophie aber muß er sich mit wirklichem Ernst hingeben. Ich kann meine Auffassung durch ein Bild deutlicher machen: Es ist schön, viele Städte zu Schiff zu umfahren, aber von wirklichem Nutzen ist nur, wenn man sich in der besten niederläßt.[46]) Recht gewandt sagte (einmal) der Philosoph Bion: „So wie Penelopes Freier, da sie sich ihr selbst nicht nahen konnten, es mit Penelopes Mägden hielten, so erschöpfen sich auch diejenigen, denen der Zugang zur Philosophie versperrt ist, mit den übrigen (tatsächlich) wertlosen Wissenschaften.“[47]) Darum muß alle Erziehung auf die Philosophie den Hauptwert legen. Denn für die Körperpflege haben die Menschen zwei Wissenschaften erfunden, die Heilkunde und die Gymnastik —

Διὰ γὰρ ταύτην ἐστὶ καὶ μετὰ ταύτης γνῶναι, τί τὸ
καλόν, τί τὸ αἰσχρόν· τί τὸ δίκαιον, τί τὸ ἄδικον· τί [τὸ]
συλλήβδην αἱρετόν, τί φευκτόν· πῶς θεοῖς, πῶς γονεῦσι,
πῶς πρεσβυτέροις, πῶς νόμοις, [πῶς ἀλλοτρίοις,] πῶς E
ἄρχουσι, πῶς φίλοις, πῶς γυναιξί, πῶς τέκνοις, πῶς
οἰκέταις χρηστέον ἐστί· ὅτι δεῖ θεοὺς μὲν σέβεσθαι, γονέας
δὲ τιμᾶν, πρεσβυτέρους αἰδεῖσθαι, νόμοις πειθαρχεῖν,
ἄρχουσιν ὑπείκειν, φίλους ἀγαπᾶν, πρὸς γυναῖκας σωφρο-.
νεῖν, τέκνων στερκτικοὺς εἶναι, δούλους μὴ περιυβρίζειν·
τὸ δὲ μέγιστον, μήτ᾽ ἐν ταῖς εὐπραγίαις περιχαρεῖς μήτε
ἐν ταῖς συμφοραῖς περιλύπους ὑπάρχειν, μήτ᾽ ἐν ταῖ
ἡδοναῖς ἐκλύτους εἶναι μήτ᾽ ἐν ταῖς ὀργαῖς ἐκπαθεῖς κα
θηριώδεις. Ἅπερ ἐγὼ πάντων τῶν ἐκ φιλοσοφίας περι-
γινομένων ἀγαθῶν πρεσβύτατα κρίνω. Τὸ μὲν γὰρ
εὐγενῶς εὐτυχεῖν, ἀνδρός, τὸ δ᾽ ἀνεπιφθόνως, εὐηνίου F
ἀνθρώπου, τὸ δὲ τοῖς λογισμοῖς περιεῖναι τῶν ἡδονῶν,
σοφοῦ, τὸ δ᾽ ὀργῆς κατακρατεῖν, ἀνδρὸς οὐ τοῦ τυχόντος
ἐστί. Τελείους δ᾽ ἀνθρώπους ἡγοῦμαι τοὺς δυναμένους
τὴν πολιτικὴν δύναμιν μεῖξαι καὶ κεράσαι τῇ φιλοσοφίᾳ·
καὶ δυεῖν ὄντοιν μεγίστοιν ἀγαθοῖν ἐπηβόλους ὑπάρχειν 8
ὑπολαμβάνω, τοῦ τε κοινωφελοῦς βίου πολιτευομένους,
τοῦ τ᾽ ἀκύμονος καὶ γαληνοῦ διατρίβοντας περὶ φιλο-

erstere erhält die Gesundheit, letztere ein gutes Allge-
meinbefinden. Für die Krankheiten und Leiden der
Seele aber gibt es nur die Philosophie als Heilmittel[48]).
Denn nur durch sie und nur mit ihrer Hilfe läßt sich
erkennen,[49]) was das Schöne und Häßliche, das Ge-
rechte und Ungerechte ist, kurz, was man erstreben und
was man meiden soll; weiter, wie man sich im Verkehr
mit den Göttern und den Eltern, ferner, wie man sich
dem Alter, den Gesetzen, [Fremden,] Herrschern,
Freunden, Frauen, Kindern und Sklaven gegenüber ver-
halten soll. Sie schreibt vor, die Götter zu fürchten,
die Eltern zu ehren, Greise zu achten, den Gesetzen zu
gehorchen, den Herrschern untertan zu sein, die Freunde
zu lieben, sich Frauen gegenüber zu beherrschen, die
Kinder lieb zu halten und im Umgang mit Sklaven
jedes hochfahrende Wesen zu meiden. Ihre höchsten
Forderungen aber sind, im Glück nicht übermäßig zu
frohlocken und im Unglück sich nicht übermäßig zu
betrüben,[50]) im Genuß das Maß nicht zu verlieren und
im Zorn nicht leidenschaftlich und vertiert zu sein.[51])
Gerade die beiden letzten Vorschriften sind meiner Mei-
nung nach von allen Gütern, die uns durch die Philo-
sophie werden, die höchsten. Denn auf edle Art glück-
lich zu sein, ist männlich; es zu tun, ohne sich Vor-
würfe zuzuziehen, ziemt einem Menschen, der sich im
Zaum zu halten vermag. Die Lüste durch Vernunft zu
beherrschen, ist weise; den Zorn zu meistern, vermag
auch nicht gerade jeder gewöhnliche Mensch. In meiner
Vorstellung sind vollendete Menschen[52]) diejenigen, die
ihr politisches Vermögen mit der Philosophie in eine
ganz enge Wechselbeziehung zu setzen wissen. Gerade
sie, meine ich, sind der beiden höchsten Güter teilhaftig:
im Augenblick ihrer politischen Tätigkeit wird ihr Leben
gemeinnützig, im Umgang mit der Philosophie gewinnen
sie sich ein von den Wogen (des Lebens) unerschütter-

σοφίαν. Τριῶν γὰρ ὄντων βίων, ὧν ὁ μέν ἐστι πρακτικὸς ὁ δὲ θεωρητικὸς ὁ δ' ἀπολαυστικός, ὁ μὲν ἔκλυτος καὶ δοῦλος τῶν ἡδονῶν ζῳώδης καὶ μικροπρεπής ἐστιν, ὁ δὲ θεωρητικὸς τοῦ πρακτικοῦ διαμαρτάνων ἀνωφελής, ὁ δὲ πρακτικὸς ἀμοιρήσας φιλοσοφίας ἄμουσος καὶ πλημμελής. Πειρατέον οὖν εἰς δύναμιν καὶ τὰ κοινὰ πράττειν καὶ τῆς φιλοσοφίας ἀντιλαμβάνεσθαι κατὰ τὸ παρεῖκον τῶν καιρῶν. Οὕτως ἐπολιτεύσατο Περικλῆς, οὕτως Ἀρχύτας ὁ Ταραντῖνος, οὕτως Δίων ὁ Συρακόσιος, οὕτως Ἐπαμεινώνδας ὁ Θηβαῖος· ὧν ἑκάτερος Πλάτωνος ἐγένετο συνουσιαστής.

Καὶ περὶ μὲν παιδείας 'οὐκ οἶδ' ὅτι δεῖ πλείονα λέγοντα διατρίβειν. Πρὸς δὲ τοῖς εἰρημένοις χρήσιμον, μᾶλλον δὲ ἀναγκαῖόν ἐστι, μηδὲ τῆς τῶν παλαιῶν συγγραμμάτων κτήσεως ὀλιγώρως ἔχειν, ἀλλὰ καὶ τούτων ποιεῖσθαι συλλογὴν κατὰ τὸ γεωργῶδες ...... τὸν αὐτὸν τρόπον ὄργανον τῆς παιδείας ἡ χρῆσις τῶν βιβλίων ἐστί, καὶ ἀπὸ πηγῆς τὴν ἐπιστήμην τηρεῖν συμβέβηκεν.

11. Οὐ τοίνυν ἄξιον οὐδὲ τὴν τῶν σωμάτων ἀγωνίαν παρορᾶν, ἀλλὰ πέμποντας ἐς παιδοτρίβου τοὺς παῖδας ἱκανῶς ταῦτα διαπονεῖν, ἅμα μὲν τῆς τῶν σωμάτων εὐρυθμίας ἕνεκεν, ἅμα δὲ καὶ πρὸς ῥώμην. Καλοῦ γὰρ γήρως θεμέλιος ἐν παισὶν ἡ τῶν σωμάτων εὐεξία. Καθάπερ οὖν ἐν εὐδίᾳ τὰ πρὸς τὸν χειμῶνα προσῆκε παρα-

tes, von (seinen) Stürmen nicht gefährdetes Dasein. Von den drei Lebensweisen[53]*) nämlich, die es gibt, der politisch-tätigen, der betrachtenden und der genießenden ist die letzte, da maßlos und den Lüsten unterworfen, rein animalisch und gemein, die betrachtende, da sie sich der praktischen Betätigung versagt, ohne Nutzen, während ein Leben rein praktischer Tätigkeit, das an der Philosophie keinen Teil hat, ungeistig und verkehrt ist.*[54]*) Folgerung: Man muß sich nach Kräften darum mühen, sich in der Politik zu betätigen, u n d sich mit der Philosophie befassen, je nach den Umständen. Es war die Weise, wie Perikles, Archytas von Tarent, Dion von Syrakus und Epaminondas von Theben*[55]*) — die beiden Letztgenannten innige Freunde Platons — im politischen Leben tätig waren.*

Ich wüßte nicht, was von der rechten Ausbildung noch mehr zu sagen wäre. Doch ist es in Anbetracht meiner Ausführungen von Nutzen — noch mehr: höchst notwendig —, gegenüber dem Besitz der Werke der Alten nicht gleichgültig zu sein, sondern sie zu sammeln, sich verhaltend wie der Bauer. (Denn wie die Gärtner Werkzeuge und Wasserröhren benötigen,) in gleicher Weise ist der Gebrauch der Bücher ein Mittel der Bildung, und so geschieht es, daß man das Wissen von der Quelle her bewahrt.[56]*)*

11. Doch ist es nicht richtig, deshalb die körperliche Übung außer Acht zu lassen. Man soll vielmehr seine Kinder in die Schule des Ringlehrers senden und sie dort gehörig trainieren lassen, teils um des Ebenmaßes ihrer Körper willen, teils auch um die Kräfte zu stählen.[57]*) Denn den Grundstein zu einem schönen Alter legt das körperliche Wohlbefinden, das man in der Jugend erworben. Wie man sich also (bereits) bei heiterem Himmel gegen ein (drohendes) Unwetter*

σκευάζειν, οὕτως ἐν νεότητι τὴν εὐταξίαν καὶ τὴν σωφρο
σύνην ἐφόδιον εἰς τὸ γῆρας ἀποτίθεσθαι.

Οὕτω δὲ δεῖ ταμιεύεσθαι τὸν τοῦ σώματος πόνον,
ὡς μὴ καταξήρους γινομένους πρὸς τὴν τῆς παιδείας ἐπι
μέλειαν ἀπαγορεύειν. Κατὰ γὰρ Πλάτωνα ὕπνοι καὶ κόποι
μαθήμασι πολέμιοι.

Καὶ τί ταῦτα; ἀλλ' ὅπερ πάντων ἐστὶ κυριώτατον τῶν
εἰρημένων, σπεύδω λέγειν. Πρὸς γὰρ τοὺς στρατιωτικοὺς D
ἀγῶνας τοὺς παῖδας ἀσκητέον, ἐν ἀκοντισμοῖς αὐτοὺς
καταθλοῦντας καὶ τοξείαις καὶ θήραις. Τὰ γὰρ τῶν
ἡττωμένων ἐν ταῖς μάχαις ἀγαθὰ τοῖς νικῶσιν ἆθλα
πρόκειται· πόλεμος δ' ἐσκιατραφημένην σωμάτων ἕξιν οὐ
δέχεται· ἰσχνὸς δὲ στρατιώτης πολεμικῶν ἀγώνων ἐθὰς
<.....> ἀθλητῶν. καὶ πολεμίων φάλαγγας διωθεῖ.

Τί οὖν, ἄν τις εἴπῃ, Σὺ δὲ δὴ περὶ τῆς ἐλευθέρων
παίδων ἀγωγῆς ὑποσχόμενος παραγγέλματα δώσειν,
ἔπειτα φαίνῃ τῆς μὲν τῶν πενήτων καὶ δημοτικῶν
παραμελῶν ἀγωγῆς, μόνοις δὲ τοῖς πλουσίοις ὁμονοεῖς
τὰς ὑποθήκας διδόναι. Πρὸς οὓς οὐ χαλεπὸν ἀπαντῆσαι. E
Ἐγὼ γὰρ μάλιστ' ἂν βουλοίμην πᾶσι κοινῇ χρήσιμον
εἶναι τὴν ἀγωγήν· εἰ δέ τινες ἐνδεῶς τοῖς ἰδίοις πράττοντες
ἀδυνατήσουσι τοῖς ἐμοῖς χρῆσθαι παραγγέλμασι, τὴν τύχην
αἰτιάσθωσαν, οὐ τὸν ταῦτα συμβουλεύοντα. Πειρατέον

schützen muß, so soll man auch in der Jugend die Selbstzucht und die Mäßigkeit als Zehrgeld für das Alter zur Seite legen.

Daher ist es aber auch nötig, die dem Körper zugemuteten Leistungen nicht zu übertreiben;[58]) denn die Jugend darf dadurch, daß sie sich körperlich völlig verausgabt,[59]) nicht der Gefahr ausgesetzt werden in der Pflege der geistigen Ausbildung zu versagen. Nach Platon sind Schlaf und Müdigkeit die Feinde jeder wissenschaftlichen Arbeit.[60])

Und was soll nun damit gesagt sein? Doch ich erkläre sogleich, was das Wichtigste all der erörterten Dinge ist. Man bilde die Jünglinge in kriegerischen Wettkämpfen aus, bei denen sie sich im Speerwurf, im Bogenschießen und in der Jagd üben können. Steht doch die Habe der in der Schlacht Geschlagenen als Kampfpreis vor den Augen der Sieger.[61]) Der Krieg kann keinen Körper brauchen, der daheim im Schatten aufgezogen worden ist:[62]) ein Soldat von zartem Körperbau durchbricht nur dann die Reihen der feindlichen Krieger, wenn er an Kampfübungen, die auf den Ernstfall des Krieges gestellt sind . . . ., gewöhnt ist.

Was nun, wenn einer hier einwürfe: „Du hast doch versprochen, Ratschläge über die Aufzucht freigeborener Kinder zu erteilen. Nachher aber übergehst du offenbar die Erziehung von Kindern armer und niedrigstehender Eltern und fühlst nur mit den Reichen, um ihnen Richtlinien zu geben.‟[63]) Solchen Kritikern ist unschwer zu begegnen, denn ich wünschte wirklich, daß sich diese Erziehung(slehre) für alle ohne Unterschied als nützlich erweist. Wenn manche in dürftigen Verhältnissen lebende Menschen meinen Mahnungen zu folgen nicht imstande sind, so müssen sie mit dem Schicksal rechten, nicht aber mit mir, wenn ich Ratschläge von dieser Art vorbringe. Auch die Armen

μὲν οὖν εἰς δύναμιν τὴν κρατίστην ἀγωγὴν ποιεῖσθαι τῶν
παίδων καὶ τοῖς πένησιν · εἰ δὲ μή, τῇ γε δυνατῇ χρηστέον.

Καὶ ταῦτα μὲν δὴ τῷ λόγῳ παρεφορτισάμην, ἵν᾽
ἐφεξῆς καὶ τἄλλα τὰ φέροντα πρὸς τὴν ὀρθὴν τῶν νέων
ἀγωγὴν συνάψω.

12. Κἀκεῖνό φημι, δεῖν τοὺς παῖδας ἐπὶ τὰ καλὰ τῶν
ἐπιτηδευμάτων ἄγειν παραινέσεσι καὶ λόγοις, μὴ μὰ F
Δία πληγαῖς μηδ᾽ αἰκισμοῖς. Ἔοικε γάρ που ταῦτα τοῖς
δούλοις μᾶλλον ἢ τοῖς ἐλευθέροις πρέπειν · ἀποναρκῶσι γὰρ
καὶ φρίττουσι πρὸς τοὺς πόνους, τὰ μὲν διὰ τὰς ἀλγηδόνας
τῶν πληγῶν, τὰ δὲ καὶ διὰ τὰς ὕβρεις. Ἔπαινοι δὲ καὶ
ψόγοι πάσης εἰσὶν αἰκίας ὠφελιμώτεροι τοῖς ἐλευθέροις, 9
οἱ μὲν ἐπὶ τὰ καλὰ παρορμῶντες, οἱ δ᾽ ἀπὸ τῶν αἰσχρῶν
ἀνείργοντες. Δεῖ δ᾽ ἐναλλὰξ καὶ ποικίλως χρῆσθαι ταῖς
ἐπιπλήξεσι καὶ τοῖς ἐπαίνοις · κἀπειδάν ποτε σφοδρῶς
ἀναισχυντῶσι, ταῖς ἐπιπλήξεσιν ἐν αἰσχύνῃ ποιεῖσθαι καὶ
πάλιν ἀνακαλεῖσθαι τοῖς ἐπαίνοις, καὶ μιμεῖσθαι τὰς τίτθας,
αἵτινες, ἐπειδὰν τὰ παιδία κλαυθμυρίσωσιν, εἰς παρηγορίαν
πάλιν τὸν μαστὸν ὑπέχουσι. Δεῖ δ᾽ αὐτοὺς μηδὲ τοῖς
ἐγκωμίοις ἐπαίρειν καὶ φυσᾶν · χαυνοῦνται γὰρ ταῖς
ὑπερβολαῖς τῶν ἐπαίνων καὶ θρύπτονται.

13. Ἤδη δέ τινας ἐγὼ εἶδον πατέρας, οἷς τὸ λίαν φιλεῖν
τοῦ μὴ φιλεῖν αἴτιον κατέστη. Τί δ᾽ ἐστιν, ὃ βού- B
λομαι λέγειν [, ἵνα τῷ παραδείγματι φωτεινότερον ποιήσω
τὸν λόγον] ; Σπεύδοντες γὰρ τοὺς παῖδας ἐν πᾶσι τάχιον

müssen also nach Kräften versuchen, ihren Kindern die beste Erziehung zu ermöglichen; geht dies nicht an, so sollten sie wenigstens alles das tun, was ihnen ihre Verhältnisse gestatten.

Dies habe ich nur im Vorbeigehen in meine Abhandlung eingeflochten, um nun ohne Unterbrechung auch das übrige noch hier anzuschließen, was eine rechte Erziehung der jungen Leute ermöglicht.

12. Ich denke dabei zunächst daran, daß man die Kinder zum Schönen in ihrem Tun durch Ermahnungen und Reden anleiten muß, auf keinen Fall mit Schlägen und Mißhandlungen. Denn das will doch eher für Sklaven als für Freigeborene passen; sie sind nämlich ganz abgestumpft und voller Abscheu gegenüber der Arbeit. Das eine ist die Folge von den Schmerzen der Schläge, das andere die Folge der Mißhandlungen. Lob und Tadel[64]) dagegen wirken sich (in der Erziehung) der Freien viel wertvoller aus als jede Züchtigung; denn das eine treibt zum Schönen hin, das andere hält vom Häßlichen zurück. Doch muß man Zurechtweisung und Lob abwechselnd und in bunter Folge zur Anwendung bringen. Treiben es die jungen Leute einmal ganz schamlos, müssen sie (erst) durch Zurechtweisungen beschämt, dann aber wieder durch Lob aufgemuntert werden. Das Vorbild dazu liefern die Ammen: Sie reichen den Kleinchen, nachdem sie sie zunächst zum Weinen gebracht haben, hernach wieder zu ihrer Beschwichtigung die Brust. Doch hüte man sich, durch Lob die Jugend aufzublähen und eitel zu machen. Denn im Übermaß[65]) gewährtes Lob führt zu Stolz und Mutwillen.

13. Ich bin schon Vätern begegnet, bei denen allzu große Liebe die Ursache wurde, daß schließlich jede Liebe fehlte. Was will ich damit sagen? [Um durch ein Beispiel den Satz deutlicher zu machen:] Da ar-

πρωτεῦσαι πόνους αὐτοῖς ὑπερμέτρους ἐπιβάλλουσιν, οἷς ἀπαυδῶντες ἐκπίπτουσι, καὶ ἄλλως βαρυνόμενοι ταῖς κακοπαθείαις οὐ δέχονται τὴν μάθησιν εὐηνίως. Ὥσπερ γὰρ τὰ φυτὰ τοῖς μὲν μετρίοις ὕδασι τρέφεται τοῖς δὲ πολλοῖς πνίγεται, τὸν αὐτὸν τρόπον ψυχὴ τοῖς μὲν συμμέτροις αὔξεται πόνοις, τοῖς δ' ὑπερβάλλουσι βαπτίζεται. Δοτέον οὖν τοῖς παισὶν ἀναπνοὴν τῶν συνεχῶν πόνων, ἐνθυμουμένους, ὅτι πᾶς ὁ βίος ἡμῶν εἰς ἄνεσιν καὶ σπουδὴν διήρηται, καὶ διὰ τοῦτ' οὐ μόνον ἐγρήγορσις, ἀλλὰ καὶ C ὕπνος εὑρέθη· οὐδέ πόλεμος, ἀλλὰ καὶ εἰρήνη· οὐδὲ χειμών, ἀλλὰ καὶ εὐδία· οὐδὲ ἐνεργοὶ πράξεις, ἀλλὰ καὶ ἑορταί. Συνελόντι δ' εἰπεῖν, ἡ ἀνάπαυσις τῶν πόνων ἐστὶν ἄρτυμα. Καὶ οὐκ ἐπὶ τῶν ζῴων μόνων τοῦτ'⟨ἂν⟩ ἴδοι τις γινόμενον, ἀλλὰ καὶ ἐπὶ τῶν ἀψύχων· καὶ γὰρ τὰ τόξα καὶ τὰς λύρας ἀνίεμεν, ἵνα ἐπιτεῖναι δυνηθῶμεν. Καθόλου δὲ σῴζεται σῶμα μὲν ἐνδείᾳ καὶ πληρώσει, ψυχὴ δ' ἀνέσει καὶ τόνῳ.

Ἄξιον δ' ἐπιτιμᾶν τῶν πατέρων ἐνίοις, οἵτινες παιδαγωγοῖς καὶ διδασκάλοις ἐπιτρέψαντες τοὺς υἱοὺς αὐτοὶ τῆς τούτων μαθήσεως οὔτ' αὐτόπται γίνονται τὸ παράπαν οὔτ' αὐτήκοοι, πλεῖστον τοῦ δέοντος ἁμαρτάνοντες. Αὐτοὺς γὰρ παρ' ὀλίγας ἡμέρας δεῖ δοκιμασίαν λαμβάνειν D τῶν παίδων, ἀλλὰ μὴ τὰς ἐλπίδας ἔχειν ἐν μισθωτοῦ διαθέσει· καὶ γὰρ ἐκεῖνοι πλείονα ποιήσονται τὴν ἐπιμέλειαν

beiten denn die Väter darauf hin, daß ihre Söhne in allem schneller (als ihre Mitschüler) obenan stehen, und überlasten sie in diesem ehrgeizigen Streben mit Arbeiten, die ihre Kräfte übersteigen. Davon erschöpft, sinken sie ab und sind, auch sonst von ihren Mißerfolgen seelisch niedergedrückt, nicht (mehr) zum Lernen bereit. Wie nämlich die Pflanzen bei maßvollem Begießen wachsen, bei zu reichlichem aber ersticken, ebenso wächst die Seele durch richtig angepaßte Arbeit, während sie bei übermäßiger Belastung untertaucht. Man gestatte also den Kindern (unbedingt) eine Erholung von ihrer anhaltenden Arbeit, bedenkend, daß unser ganzes Leben in Ruhe und Arbeit aufgeteilt ist, und daß zu diesem Zwecke nicht nur Wachsein, sondern auch Schlaf (von der Natur) erfunden wurde, nicht nur Krieg, sondern auch Frieden, nicht nur Regen, sondern auch Sonnenschein, nicht nur erfolganstrebendes Arbeiten, sondern auch Feste.[66]) In Kürze: Erholung ist das Salz der Arbeit. Dies kann man nicht nur im Bereich der lebenden Welt erkennen, sondern auch der nicht lebenden; denn auch Bogen und Leier spannen wir ab, um sie wieder spannen zu können. Überhaupt wird der Körper durch Hunger und Sättigung, die Seele durch Erholung und Arbeit kraftvoll erhalten.

Weiter sind mit vollem Recht einige Väter zu tadeln, die ihre Söhne den Erziehern und Lehrern übergeben, ohne sich überhaupt je persönlich deren Unterricht anzusehen oder anzuhören, damit am allermeisten gegen ihre Pflicht verstoßend. Denn es ist unerläßlich für sie, sich im Abstand weniger Tage ihre Söhne prüfend anzusehen; niemals dürfen sie Erwartungen in die geistige Verfassung eines um Sold in ihre Dienste genommenen Lehrers setzen, denn die Lehrer kümmern sich erheblich mehr um die Kinder, wenn sie gezwungen sind,

τῶν παίδων, μέλλοντες ἑκάστοτε διδόναι τὰς εὐθύνας. Κἀνταῦθα δὴ τὸ ῥηθὲν ὑπὸ τοῦ ἱπποκόμου χάριεν, ὡς οὐδὲν οὕτω πιαίνει τὸν ἵππον ὡς βασιλέως ὀφθαλμός.

Πάντων δὲ μάλιστα ⟨δεῖ⟩ τὴν μνήμην τῶν παίδων ἀσκεῖν καὶ συνεθίζειν· αὕτη γὰρ ὡσπερεὶ τῆς παιδείας ἐστὶ ταμεῖον, καὶ διὰ τοῦτο ⟨οἱ παλαιοὶ⟩ μητέρα τῶν Μουσῶν ἐμυθολόγησαν εἶναι τὴν Μνημοσύνην, αἰνιττόμενοι καὶ παραδηλοῦντες, ὅτι οὕτως οὐδὲν γεννᾶν καὶ τρέφειν ὡς ἡ μνήμη πέφυκε. Καὶ τοίνυν ταύτην κατ' ἀμφότερ' ἐστὶν Ε ἀσκητέον, εἴτ' ἐκ φύσεως μνήμονες εἶεν οἱ παῖδες εἴτε καὶ τοὐναντίον ἐπιλήσμονες. Τὴν γὰρ πλεονεξίαν τῆς φύσεως ἐπιρρώσομεν, τὴν δ' ἔλλειψιν ἀναπληρώσομεν· καὶ οἱ μὲν τῶν ἄλλων ἔσονται βελτίους, οἱ δ' ἑαυτῶν. Τὸ γὰρ Ἡσιόδειον καλῶς εἴρηται

Εἰ γάρ κεν καὶ σμικρὸν ἐπὶ σμικρῷ καταθεῖο
Καὶ θαμὰ τοῦθ' ἔρδοις, τάχα κεν μέγα καὶ τὸ γένοιτο.

Μὴ λανθανέτω τοίνυν μηδὲ τοῦτο τοὺς πατέρας, ὅτι τὸ μνημονικὸν τῆς μαθήσεως μέρος οὐ μόνον πρὸς τὴν παιδείαν, ἀλλὰ καὶ πρὸς τὰς τοῦ βίου πράξεις οὐκ ἐλα- F χίστην συμβάλλεται μοῖραν. Ἡ γὰρ τῶν γεγενημένων πράξεων μνήμη τῆς περὶ τῶν μελλόντων εὐβουλίας γίνεται παράδειγμα.

14. Καὶ μέντοι καὶ τῆς αἰσχρολογίας ἀπακτέον τοὺς υἱούς. Λόγος γὰρ ἔργου σκιή, κατὰ Δημόκριτον. Εἶτά γε μὴν ἐντευκτικοὺς αὐτοὺς εἶναι παρασκευαστέον καὶ φιλο- 10 προσηγόρους· οὐδὲν γὰρ ὡς τὰ ἀνέντευκτα τῶν ἠθῶν ἐστιν

jedesmal Rechenschaft abzulegen. Da ist denn der Aus-
spruch eines Pferdeknechts sehr hübsch, daß nichts
das Pferd so fett macht wie das Auge eines Königs.[67])

Am meisten von allem muß man das Gedächtnis der
Knaben durch Übung stärken; denn das Gedächtnis ist
die Schatzkammer geistiger Unterweisung. Deswegen
haben < die Alten > von Mnemosyne als der Mutter der
Musen gedichtet,[68]) *in dunklem und nur andeutendem*
Wort verkündend, daß nichts so sehr zu erzeugen
und wachsen zu lassen befähigt ist wie das Gedächt-
nis.[69]) *So muß man denn das Gedächtnis in jedem Fall*
üben, ob die Knaben nun von Natur her über ein gutes
oder schlechtes Gedächtnis verfügen. Denn ein natür-
liches Begehren nach Vermehrung (des Wissens) sollen
wir stärken, offenbares Zuwenig aber auffüllend aus-
gleichen. So werden die einen tüchtiger sein als ihre
Kameraden, die andern aber tüchtiger als sie selbst.
Mit Recht führt man daher von Hesiod folgende Verse an:

Denn wenn noch so Geringes zu noch so Geringem du legest
Und dies häufiger tust, wird bald ein Großes auch hieraus.[70])

So möge es denn den Vätern nicht unbekannt bleiben,
daß die Fähigkeit, sich an Erlerntes deutlich zu erinnern,
nicht nur ein wesentlicher Teil der Erziehung ist, son-
dern auch in nicht geringem Maße bei den Handlungs-
weisen im Leben hilft. Denn das Gedächtnis vergangener
Taten wird zu maßgebendem Beispiel eines guten Rates
für noch kommende.

14. Nun muß man die Knaben aber auch von übler
Redeweise zurückhalten. „Das Wort ist der Schatten
der Tat", hat Demokrit gesagt.[71]) *Sodann sollte man*
seine Kinder zur Liebenswürdigkeit im Verkehr und zur
Freude an der Unterhaltung erziehen. Keine Charakter-
anlage verdient nämlich so sehr den Haß der Allge-

οὕτως ἀξιομίσητα. Ἔτι τοίνυν οἱ παῖδες ἀμισεῖς γίνοιντ᾽
ἂν τοῖς συνοῦσι, μὴ παντελῶς ἐν ταῖς ζητήσεσιν ἀπαρα-
χώρητοι γινόμενοι. Οὐ γὰρ τὸ νικᾶν μόνον, ἀλλὰ καὶ τὸ
ἡττᾶσθαι ἐπίστασθαι καλόν, ἐν οἷς τὸ νικᾶν βλαβερόν·
ἔστι γὰρ ὡς ἀληθῶς καὶ νίκη Καδμεία. Ἔχω δὲ μάρτυρα
τούτων Εὐριπίδην τὸν σοφὸν ἐπαγαγέσθαι λέγοντα

Δυοῖν λεγόντοιν, θατέρου θυμουμένου,
Ὁ μὴ ἀντιτείνων τοῖς λόγοις σοφώτερος.

Ἃ τοίνυν τῶν εἰρημένων οὐδενὸς ἧττόν ἐστιν, ἀλλὰ καὶ **B**
μᾶλλον ἐπιτηδευτέα τοῖς νέοις, καὶ δὴ λεκτέον. Ταῦτα δ᾽
ἐστὶ τὸ τὸν βίον ἀτύφωτον ἀσκεῖν, τὸ τὴν γλῶτταν κατέχειν, τὸ τῆς ὀργῆς ὑπεράνω γίνεσθαι, τὸ τῶν χειρῶν
κρατεῖν. Τούτων ἕκαστον ἡλίκον ἐστὶ σκεπτέον· ἔσται δ᾽
ἐπὶ παραδειγμάτων γνωριμώτερα. Οἶον, ἵν᾽ ἀπὸ τοῦ τελευ-
ταίου πρῶτον ἄρξωμαι, τὰς χεῖράς τινες ὑποσχόντες
λήμμασιν ἀδίκοις, τὸν προβεβιωμένον βίον ἐξέχεαν·
ὡς Γύλιππος ὁ Λακεδαιμόνιος τὰ σακκία τῶν χρημάτων
παραλύσας φυγὰς ἀπηλάθη τῆς Σπάρτης. — Τό γε μὴν
ἀόργητον ἀνδρός ἐστι σοφοῦ. Σωκράτης μὲν γάρ, λακτί- **C**
σαντος αὐτὸν νεανίσκου θρασέος μάλα καὶ βδελυροῦ, τοὺς
ἀμφ᾽ αὐτὸν ὁρῶν ἀγανακτοῦντας καὶ σφαδάζοντας, ὡς καὶ
διώκειν αὐτὸν ἐθέλειν, Ἆρ᾽, ἔφησε, καὶ εἴ μ᾽ ὄνος ἐλάκτι-

meinheit wie der Mangel an Liebenswürdigkeit im Um-
gang. Weiter sollen die Knaben sich bei ihren Freunden
nicht dadurch unbeliebt machen, daß sie in den wissen-
schaftlichen Unterredungen eine völlig unnachgiebige
Haltung einnehmen. Denn es ist nicht nur schön, wenn
man zu siegen versteht, sondern auch zu verlieren
weiß in den Fällen, in denen ein Sieg nicht von Vorteil
wäre; es gibt ja tatsächlich auch den „kadmeischen
Sieg".[72]) Dafür kann ich als Zeugen den weisen Euri-
pides auftreten lassen, von dem die Verse herrühren:

> *Wenn zwei sich unterreden und der eine zürnt.*
> *Wird der der Klüg're sein, der dann nicht widerspricht.[73])*

Nun ist von einigem zu reden, das ebenso wich-
tig ist wie das bisher Erörterte. Es sind Dinge, die die
jungen Menschen sogar noch mehr beherzigen und pfle-
gen sollten. Ich meine dies: Sie müssen lernen, ein von
jedem Dünkel freies Leben zu führen, und weiterhin,
ihre Zunge im Zaum zu halten, den Zorn zu beherrschen
und sich die Hände reinzuhalten. Wir müssen zusehen,
wie wichtig jeder dieser Punkte ist; an Beispielen wird
sich dies noch deutlicher zeigen lassen. Also — um
zunächst mit dem letzten Punkt zu beginnen —: Ge-
legentlich haben Leute, die ihre Hände heimlich in
unrechtmäßigen Gewinn steckten, ihr (gesamtes) vor-
angegangenes Leben verraten. Dafür steht der Lake-
daimonier Gylippos: die Veruntreuung öffentlicher
Gelder führte zu seiner Verbannung aus Sparta.[74])
— Freiheit von Zorn ist für den Weisen wahrlich eine
Zier. Sokrates wurde einmal von einem losen und un-
verschämten jungen Burschen getreten. Er sah, wie
seine Freunde um ihn herum böse waren und sich sehr
erregten; sie wollten jenen dafür sogar gerichtlich be-
langen. „Wenn ein Esel mich getreten hätte", sagte
Sokrates da, „würdet ihr dann auch der Meinung ge-

σεν, ἀντιλακτίσαι τοῦτον ἠξιώσατ᾽ ἄν; Οὐ μὴν ἐκεῖνός γε
παντελῶς κατεπροΐξατο, πάντων δ᾽ αὐτὸν ὀνειδιζόντων
καὶ λακτιστὴν ἀποκαλούντων ἀπήγξατο. Ἀριστοφάνους δέ,
ὅτε τὰς Νεφέλας ἐξέφερε, παντοίως πᾶσαν ὕβριν αὐτοῦ
κατασκεδαννύντος, καί τινος τῶν παρόντων, Κᾷτα τοιαῦτα
κωμῳδούμενος οὐκ ἀγανακτεῖς, εἰπόντος, ὦ Σώκρατες;
Μὰ Δι᾽ οὐκ ἔγωγ᾽, ἔφησεν, ὡς γὰρ ἐν συμποσίῳ μεγάλῳ
τῷ θεάτρῳ σκώπτομαι. Ἀδελφὰ τούτοις καὶ σύζυγα φανή- D
σονται πεποιηκότες Ἀρχύτας ὁ Ταραντῖνος καὶ Πλάτων.
Ὁ μὲν γὰρ ἐπανελθὼν ἀπὸ τοῦ πολέμου — στρατηγῶν δ᾽
ἐτύγχανε — ⟨τὴν⟩ γῆν καταλαβὼν κεχερσωμένην, τὸν
ἐπίτροπον καλέσας αὐτῆς, Ὤιμωξας ἄν, ἔφησεν, εἰ μὴ λίαν
ὠργιζόμην. Πλάτων δὲ δούλῳ λίχνῳ καὶ βδελυρῷ θυμωθείς,
τὸν τῆς ἀδελφῆς υἱὸν Σπεύσιππον καλέσας, Τοῦτον, ἔφησεν
ἀπελθών, κρότησον· ἐγὼ γὰρ πάνυ θυμοῦμαι.

Χαλεπὰ δὲ ταῦτα καὶ δυσμίμητα φαίη τις ἄν. Οἶδα E
κἀγώ. Πειρατέον οὖν εἰς ὅσον οἷόν τ᾽ ἐστὶ τούτοις παρα-
δείγμασι χρωμένους τὸ πολὺ τῆς ἀκρατοῦς καὶ μαινομένης
ὑφαιρεῖν ὀργῆς. Οὐδὲ γὰρ ἐς τἆλλα ἐνάμιλλοι ταῖς ἐκείνων
ἐσμὲν οὔτ᾽ ἐμπειρίαις οὔτε καλοκαγαθίαις· ἀλλ᾽ οὐδὲν
ἧττον ἐκείνων, ὥσπερ θεῶν ἱεροφάνται καὶ δᾳδοῦχοι τῆς
σοφίας ὄντες, ὅσαπέρ ἐστιν ἐν δυνατῷ, ταῦτα μιμεῖσθαι
καὶ περικνίζειν ἐπιχειροῦμεν. — Τὸ τοίνυν τῆς γλώττης

wesen sein, man müsse ihn wieder treten?" Doch der
Bursche kam nicht völlig ungestraft davon. Da alle ihn
beschimpften und ein „störrisches Biest" nannten, er-
hängte er sich. Als Aristophanes[75]) seine „Wolken" auf
die Bühne brachte und dabei seinen ganzen bösen Spott
in mannigfacher Weise (über Sokrates) ausgoß, fragte
ihn einer der Anwesenden: „Ärgert es dich denn gar
nicht, Sokrates, wenn du in derartig übler Weise verspottet wirst?" „O ganz und gar nicht", gab Sokrates
zur Antwort, „denn spottet man meiner im Theater, so
ist's wie bei einem großen Gastmahl." Ganz damit verwandt ist offenbar eine Tat des Archytas von Tarent[76])
und des Platon. Ersterer heimkehrend von einem Kriege,
den er als Feldherr geführt hatte, fand sein Landgut in
schrecklich verwildertem Zustand vor. Er stellte sofort
den Verwalter. „Du würdest recht geschrien haben",
sagte er zu ihm, „wenn ich nicht sehr zornig wäre."
Platon[77]) aber, voll Zorn über einen gefräßigen, unver-
schämten Sklaven, ließ den Speusippos, seiner Schwester
Sohn, zu sich kommen und sagte zu ihm im Weggehen:
„Prügele du ihn durch — ich bin zu sehr erzürnt."
Solches Verhalten, so möchte hier einer einwenden,
ist sehr schwer und läßt sich kaum nachahmen. Auch
ich weiß das sehr wohl. So muß man eben versuchen,
es einem solchen Beispiel wenigstens soweit man es
vermag nachzutun und den ungedämpften und rasen-
den Zorn zum mindesten zu einem ganz großen Teil
zu unterdrücken. Denn ohnehin vermögen wir auch in
jeder anderen Hinsicht uns mit jenen beiden Männern
nicht zu messen, weder was ihre Erfahrung noch was
ihre vollendete Menschlichkeit angeht. Und trotzdem
versuchen wir, die wir jenen wie Priester dienen, so
als wären sie Götter, und die wir die Fackelträger ihrer
Weisheit sind,[78]) ihre vorbildhaften Handlungen, soweit
wir können, nachzuahmen und ihrer Spur zu folgen. —

κρατεῖν—περὶ τούτου γάρ, ὥσπερ ὑπεθέμην, εἰπεῖν λοιπόν—, εἴ τις μικρὸν καὶ φαῦλον ὑπείληφε, πλεῖστον διαμαρτάνει τῆς ἀληθείας. Σοφὸν γὰρ εὔκαιρος σιγὴ καὶ παντὸς λόγου κρεῖττον. Καὶ διὰ τοῦτό μοι δοκεῖ τὰς μυστηριώδεις τελετὰς οἱ παλαιοὶ κατέδειξαν, ἵν᾽ ἐν ταύταις σιωπᾶν F ἐθισθέντες ἐπὶ τὴν τῶν ἀνθρωπίνων μυστηρίων πίστιν τὸν ἀπὸ τῶν θεῶν μεταφέρωμεν φόβον. Καὶ γὰρ αὖ σιωπήσας μὲν οὐδεὶς μετενόησε, λαλήσαντες δὲ παμπληθεῖς. Καὶ τὸ μὲν σιγηθὲν ἐξειπεῖν ῥᾴδιον, τὸ δὲ ῥηθὲν ἀναλαβεῖν ἀδύνατον. Μυρίους δ᾽ ἔγωγ᾽ οἶδ᾽ ἀκούσας ταῖς μεγίσταις συμφοραῖς περιπεσόντας διὰ τὴν τῆς γλώττης ἀκρασίαν· Ὧν τοὺς ἄλλους |παραλιπὼν ἑνὸς ἢ δυεῖν τύπου ἕνεκεν 11 ἐπιμνησθήσομαι. Τοῦ γὰρ Φιλαδέλφου γήμαντος τὴν ἀδελφὴν Ἀρσινόην Σωτάδης εἰπὼν

Εἰς οὐχ ὁσίην τρυμαλιὴν τὸ κέντρον ὠθεῖς,

Ἐν δεσμωτηρίῳ πολλοὺς κατεσάπη χρόνους καὶ τῆς ἀκαίρου λαλιᾶς οὐ μεμπτὴν ἔδωκε δίκην· ἵνα δὲ γέλωτα παράσχῃ τοῖς ἄλλοις, αὐτὸς πολὺν χρόνον ἔκλαυσεν. Ἐνάμιλλα δὲ τούτοις καὶ σύζυγα καὶ Θεόκριτος ὁ σοφιστὴς εἶπέ τε καὶ ἔπαθε, καὶ πολὺ δεινότερα. Ἀλεξάνδρου γὰρ πορφυρᾶς ἐσθῆτας κελεύσαντος κατασκευάζειν τοὺς Ἕλληνας, ἵν᾽ ἐπανελθὼν τὰ ἐπινίκια τοῦ πολέμου τοῦ κατὰ τῶν βαρ- B

Seine Zunge im Zaum zu halten — denn nur darüber noch habe ich mich meiner Absicht entsprechend zu äußern —, wenn das einer für gering und nebensächlich hält, so befindet er sich in einem grundsätzlichen Irrtum, denn zur rechten Zeit schweigen ist etwas Weises und besser als alles Reden. Offenbar haben aus diesem Grunde die Alten die Weihen in den Mysterien eingeführt, damit wir, in ihnen an Schweigen gewöhnt, die Furcht vor den Göttern auch bei der Bewahrung menschlicher Geheimnisse auf uns übertragen. Hat es doch noch niemanden gereut geschwiegen zu haben, gesprochen zu haben tat hernach schon sehr vielen leid. Verschwiegenes auszuplaudern ist leicht, ein einmal ausgesprochenes Wort wieder zurückzunehmen unmöglich. Ich weiß von unendlich vielen Menschen vom Hörensagen, daß sie wegen ihrer vorschnellen unbeherrschten Zunge in das größte Unglück geraten sind. Des Beispiels halber will ich, auf alles Übrige verzichtend, nur einen oder zwei Fälle herausgreifen. Als Philadelphos seine Schwester Arsinoë heiratete, äußerte Sotades[79]) zu ihm:

Unheilig das Loch, in das du alsbald   den Stachel stößest.

Dafür faulte er lange Jahre im Gefängnis dahin und büßte für sein sehr zur Unzeit gesprochenes boshaftes Wort, und dies mit vollem Recht. Weil er den übrigen Gelegenheit zu einer Lache geben wollte, mußte er selber lange Zeit hindurch weinen.[80]) Hiermit ist verwandt und hält dem durchaus die Waage eine Äußerung des Sophisten Theokrit;[81]) er büßte sie ebenso, ja noch viel schrecklicher. Als nämlich Alexander an die Griechen die Weisung hatte ergehen lassen, Purpurkleider anzufertigen, damit er bei seiner Heimkehr das Siegesfest nach dem Perserkriege unter Opfern feier-

βάρων θύσειε, καὶ τῶν ἐθνῶν κατὰ κεφαλὴν εἰσφερόντων ἀργύριον, Πρότερον μέν, ἔφησεν, ἠμφισβήτουν, νῦν δ᾽ ᾖσθημαι σαφῶς, ὅτι ὁ πορφύρεος Ὁμήρου θάνατος οὗτός ἐστιν. Ἐξ ὧν ἐχθρὸν ἐκτήσατο τὸν Ἀλέξανδρον. Ἀντίγονον δὲ τὸν βασιλέα τῶν Μακεδόνων ἑτερόφθαλμον ὄντα τὴν πήρωσιν προφέρων εἰς οὐ μετρίαν ὀργὴν κατέστησε. Τὸν γὰρ ἀρχιμάγειρον Εὐτροπίωνα ⟨πέμψας πρὸς τὸν ἄνδρα⟩ γεγενημένον ἐν τάξει παραγενέσθαι πρὸς αὐτὸν ἠξίου καὶ λόγον δοῦναι καὶ λαβεῖν· ταῦτα δ᾽ ἀπαγγέλλοντος ἐκείνου πρὸς αὐτὸν καὶ πολλάκις προσιόντος, Εὖ οἶδ᾽, ἔφησεν, ὅτι ὠμόν με θέλεις τῷ Κύκλωπι παραθεῖναι, ὀνειδίζων τὸν μὲν ὅτι πηρός, τὸν δ᾽ ὅτι μάγειρος ἦν· κἀκεῖνος, Τοιγαροῦν, εἰπών, τὴν κεφαλὴν οὐχ ἕξεις, ἀλλὰ τῆς ἀθυροστομίας ταύτης καὶ μανίας δώσεις δίκην, ἀπήγγειλε τὰ εἰρημένα τῷ βασιλεῖ· καὶ ὃς ⟨μετα⟩πέμψας ἀνεῖλε τὸν Θεόκριτον.   C

    Παρὰ πάντα δὲ ταῦτα, ὅπερ ἐστὶν ἱεροπρεπέστατον, ⟨ἀνάγκη⟩ ἐθίζειν τοὺς παῖδας τῷ τἀληθῆ λέγειν· τὸ γὰρ ψεύδεσθαι δουλοπρεπὲς καὶ πᾶσιν ἀνθρώποις ἄξιον μισεῖσθαι καὶ οὐδὲ μετρίοις δούλοις συγγνωστόν.

    15. Ταῦτα μὲν οὖν οὐκ ἐνδοιάσας οὐδὲ μελλήσας περὶ τῆς τῶν παίδων εὐκοσμίας καὶ σωφροσύνης διείλεγμαι· περὶ δὲ τοῦ ῥηθήσεσθαι μέλλοντος ἀμφίδοξός εἰμι καὶ διχογνώμων, καὶ τῇδε κἀκεῖσε κλίνων ὡς ἐπὶ πλάστιγγος πρὸς οὐδέτερον ῥέψαι δύναμαι· πολὺς δ᾽ ὄκνος ἔχει με καὶ   D

lich begehen könnte, und als die Völker dafür eine Kopfsteuer erlegten, erklärte Theokrit: „Früher war ich im Zweifel, weiß es jetzt aber ganz genau, daß dieses der purpurne Tod[82]) ist, von dem Homer spricht." Durch diese Worte machte er sich bei Alexander gründlich verhaßt. Antigonos, der König der Makedonen,[83]) hatte nur ein Auge. Theokrit trieb mit diesem Körperfehler seinen Spott und zog sich dafür den grimmigen Zorn des Königs zu. Antigonos nämlich sandte seinen Küchenmeister, den mächtigen (?) Eutropion, an Theokrit und ließ diesem die Weisung überbringen, er solle vor ihm erscheinen, um Rechenschaft abzulegen und zu empfangen. Jener suchte den Sophisten wiederholt mit diesem Auftrag auf. Da entgegnete ihm Theokrit: „Ich weiß es sehr wohl, daß du mich dem Kyklopen roh vorsetzen willst" — damit auf die Blindheit des Königs im Spott ebenso sehr anspielend wie darauf, daß der andere ein Koch war. Der gab ihm zur Antwort: „Bei Gott, du wirst deinen Kopf nicht behalten, sondern für deine zügellose Schwatzhaftigkeit und dein wahnwitziges Benehmen büßen", und er meldete dem König, was der Sophist gesagt. Der König forderte ihn vor und ließ ihn umbringen.

Zu all dem kommt noch, daß die Kinder — und dies ist das Allerheiligste — die Wahrheit zu sagen gewöhnt werden. Denn das Lügen verrät Sklavengesinnung: die Lüge verdient den Haß aller Menschen und darf selbst mittelmäßigen Sklaven nicht nachgesehen werden.

15. Diese Vorschriften in Hinsicht auf echte Sittsamkeit der Knaben habe ich ohne Bedenken und Rückhalt vorgetragen. Nur wegen des Folgenden habe ich Zweifel und bin geteilter Meinung und neige bald zu der einen, bald zu der anderen Ansicht, ohne wie bei einer Waage

τῆς εἰσηγήσεως καὶ τῆς ἀποτροπῆς τοῦ πράγματος. Ἀπο-
τολμητέον οὖν ὅμως εἰπεῖν αὐτό. Τί οὖν τοῦτ' ἐστί; Πό-
τερα δεῖ τοὺς ἐρῶντας τῶν παίδων ἐᾶν τούτοις συνεῖναι
καὶ συνδιατρίβειν ἢ τοὐναντίον εἴργειν αὐτοὺς καὶ ἀπο-
σοβεῖν τῆς πρὸς τούτους ὁμιλίας προσῆκεν. Ὅταν μὲν γὰρ
ἀποβλέψω πρὸς τοὺς πατέρας τοὺς αὐθεκάστους καὶ τὸν
τρόπον ὀμφακίας καὶ στρυφνούς, οἳ διὰ τὴν τῶν τέκνων
ὕβριν οὐκ ἀνεκτὴν νομίζουσι τὴν τῶν ἐρώντων ὁμιλίαν,
εὐλαβοῦμαι ταύτης εἰσηγητὴς γενέσθαι καὶ σύμβουλος.
Ὅταν δ' αὖ πάλιν ἐνθυμηθῶ τὸν Σωκράτη, τὸν Πλάτωνα, **E**
τὸν Ξενοφῶντα, τὸν Αἰσχίνην, τὸν Κέβητα, τὸν πάντα
χορὸν ἐκείνων τῶν ἀνδρῶν, οἳ τοὺς ἄρρενας ἐδοκίμασαν
ἔρωτας καὶ τὰ μειράκια προήγαγον ἐπί τε παιδείαν καὶ
δημαγωγίαν καὶ τὴν ἀρετὴν τῶν τρόπων, πάλιν ἕτερος
γίνομαι καὶ κάμπτομαι πρὸς τὸν ἐκείνων τῶν ἀνδρῶν
ζῆλον. Μαρτυρεῖ δὲ τούτοις Εὐριπίδης οὕτω λέγων

Ἀλλ' ἔστι δή τις ἄλλος ἐν βροτοῖς ἔρως,
Ψυχῆς δικαίας σώφρονός τε κἀγαθῆς.

[Τὸ δὲ τοῦ Πλάτωνος σπουδῇ καὶ χαριεντισμῷ μεμιγμένον **F**
οὐ παραλειπτέον· ἐξεῖναι γάρ φησι δεῖν τοῖς ἀριστεύσασιν
ὃν ἂν βούλωνται τῶν καλῶν φιλῆσαι. Τοὺς μὲν οὖν τῆς
ὥρας ἐπιθυμοῦντας ἀπελαύνειν προσῆκε, τοὺς δὲ τῆς
ψυχῆς ἐραστὰς ἐγκρίνειν κατὰ τὸ σύνολον. Καὶ τοὺς μὲν
Θήβῃσι καὶ τοὺς <ἐν>Ἤλιδι φευκτέον ἔρωτας καὶ τὸν ἐν
Κρήτῃ καλούμενον ἁρπαγμόν· τοὺς δ' Ἀθήνῃσι καὶ τοὺς **12**
ἐν Λακεδαίμονι ζηλωτέον].

nach einer der beiden Seiten ausschlagen zu können; und so zögere ich denn sehr, ob ich bei der in Frage stehenden Sache zu- oder abraten soll. Und doch: Wagen wir es und sprechen wir davon. Worum handelt es sich also? Soll man die Liebhaber der Knaben mit diesen zusammenleben und mit ihnen verkehren lassen oder soll man sie umgekehrt von ihnen absperren und fortjagen und den Umgang mit ihnen verbieten? Denke ich an solche Väter, die eigensinnig auf sich pochen und in ihrer Gesinnung wie unreifer Wein und Sauertöpfe sind und also wegen der (etwaigen) Schande ihrer Kinder den Verkehr mit ihren Liebhabern untragbar finden, so hüte ich mich wohl, solches zu empfehlen und anzuraten. Wenn ich dann aber wieder an so bekannte Gestalten wie Sokrates, Platon, Xenophon, Aischines, Kebes[84]) und den ganzen Chor jener Männer denke, die die Knabenliebe billigten und selbst junge Männer zur Geistesbildung, Staatskunst und zum Gipfel der Sittlichkeit führten, so werde ich wieder anderer Meinung und neige dem Tun jener Männer zu. Auch hierfür ist Euripides Zeuge mit den Worten:

Denn auch noch andere Liebe wahrlich kennt der Mensch —:
Zu weiser Seele, die gerecht und edel ist [85])

[Zudem darf man Platons aus Ernst und Scherz gemischtes Wort nicht außer Acht lassen. „Denn es muß", so sagt er, „den Besten freistehen, jedweden von den Schönen nach eigenem Willen zu küssen."[86]) Also ist es richtig, nur diejenigen zu entfernen, die nach dem Genuß der körperlichen Schönheit verlangen, wer aber die Seele liebt, sollte in jedem Falle Zutritt haben. Ein liebender Umgang allerdings, wie man ihn in Theben und in Elis pflegt,[87]) ist zu meiden. Ebenso auch die sogenannte „kretische Entführung".[88]) Eine Knabenliebe aber, wie man ihr in Athen und Lakedaimon huldigt, mögen die Jünglinge nur nachahmen].

16. Περὶ μὲν οὖν τούτων, ὅπως ἕκαστος αὐτὸς ἑαυτὸν πέπεικεν, οὕτως ὑπολαμβανέτω· ἐγὼ δ' ἐπειδὴ περὶ τῆς τῶν παίδων εὐταξίας εἴρηκα καὶ κοσμιότητος, καὶ ἐπὶ τὴν τῶν μειρακίων ἡλικίαν ἤδη μεταβήσομαι, μικρὰ παντάπασιν εἰπών. Πολλάκις γὰρ κατεμεμψάμην τοὺς μοχθηρῶν ἐθῶν γεγονότας εἰσηγητάς, οἵτινες τοῖς μὲν παισὶ παιδαγωγοὺς καὶ διδασκάλους ἐπέστησαν, τὴν δὲ τῶν μειρακίων ὁρμὴν ἄφετον εἴασαν νέμεσθαι· δέον αὖ τοὐναντίον πλείω ποιεῖσθαι τούτων εὐλάβειαν καὶ φυλακὴν ἢ τῶν παίδων. Τίς γὰρ οὐκ οἶδεν, ὅτι τὰ μὲν τῶν παίδων B πλημμελήματα μικρὰ καὶ παντελῶς ἐστιν ἰάσιμα, παιδαγωγῶν ἴσως ὀλιγωρία καὶ διδασκάλων παραγωγὴ καὶ ἀνηκουστία· τὰ δὲ τῶν ἤδη νεανισκευομένων ἀδικήματα πολλάκις ὑπερφυᾶ γίνεται καὶ σχέτλια, ἀμετρία γαστρὸς καὶ κλοπαὶ πατρῴων χρημάτων καὶ κύβοι καί κῶμοι καὶ πότοι καὶ παρθένων ἔρωτες καὶ γυναικῶν οἰκοφθορίαι γαμετῶν. Οὐκοῦν τὰς τούτων ὁρμὰς ταῖς ἐπιμελείαις δεσμεύειν καὶ κατέχειν προσῆκεν. Ἀταμίευτον γὰρ τῶν ἡδονῶν ἡ ἀκμὴ καὶ σκιρτητικὸν καὶ χαλινοῦ δεόμενον· ὥσθ' οἱ μὴ τῆς ἡλικίας ταύτης ἐρρωμένως ἀντιλαμβανόμενοι τῇ C ἀνοίᾳ διδόντες ἐξουσίαν ἐπὶ τὰ ἀδικήματα λανθάνουσι. Δεῖ τοίνυν τοὺς ἔμφρονας πατέρας παρὰ τοῦτον μάλιστα τὸν καιρὸν φυλάττειν ἐγρηγορέναι σωφρονίζειν τοὺς μειρακίσκους διδάσκοντας ἀπειλοῦντας δεομένους συμβουλεύοντας ὑπισχνουμένους, παραδείγματα δεικνύντας τῶν διὰ φιληδονίαν μὲν συμφοραῖς περιπεσόντων, διὰ δὲ καρτερίαν ἔπαι-

16. Was diese Sache anlangt, so soll ein jeder hier seiner persönlichen Überzeugung folgen. Ich dagegen will nunmehr, nachdem ich bisher nur über die Zucht und Sittlichkeit der Knaben geredet habe, auch noch auf das Jünglingsalter zu sprechen kommen, wenn auch nur im allgemeinen und ganz kurz. Oft nämlich tadelte ich schon diejenigen, die die üble Sitte eingeführt hatten, den Kindern zwar Erzieher und Lehrer zu setzen, während man die Leidenschaft der Jünglinge ungezügelt toben ließ. Man sollte ganz im Gegenteil auf ihre Obhut und Aufsicht einen (noch weit) größeren Wert legen als auf die Sorge für die Knaben. Ist es doch jedem bekannt, daß die Fehler des Kindesalters klein sind und vollständig ausgemerzt werden können, so etwa eine den Erziehern gegenüber gehegte Geringschätzung sowie Täuschung der Lehrer und Ungehorsam gegen sie. Sind dagegen aus den Knaben bereits Jünglinge geworden, so werden die Verfehlungen recht oft sehr schwer, wie Unmäßigkeit im Essen, Sichvergreifen am Gelde des Vaters, Würfelspiel, Schmausereien,[89]) Saufgelage, Liebeshändel mit jungen Mädchen, Schändung verheirateter Frauen. Solche Ausbrüche der Leidenschaften muß man demnach auf das sorgfältigste zügeln und beschränken, denn auf ihrem Höhepunkt kennt die Jugend nur die Verschwendung, ist leidenschaftlich dem Tanze ergeben und bedarf somit wirklich eines Zügels. Wer nicht dieses Alter nachdrücklich unter seiner Aufsicht hält, gibt unmerklich der Torheit die beste Gelegenheit zu bösen Streichen. So müssen denn verständige Väter gerade in diesem Alter die Jünglinge behüten und wachsamen Auges es betrachten und zur Besonnenheit anhalten. Dem dienen Belehrung, Drohung, Bitte, Ratschlag, Versprechen und schließlich der Hinweis auf Beispiele von solchen Menschen, die entweder ob ihrer Genußsucht in das größte Unglück geraten

νον καὶ δόξαν ἀγαθὴν περιποιησαμένων. Δύο γὰρ ταῦθ᾽ ὡσπερεὶ στοιχεῖα τῆς ἀρετῆς ἐστιν, ἐλπίς τε τιμῆς καὶ φόβος τιμωρίας· ἡ μὲν γὰρ ὁρμητικωτέρους πρὸς τὰ κάλλιστα τῶν ἐπιτηδευμάτων, ἡ δ᾽ ὀκνηροὺς πρὸς τὰ φαῦλα **D** τῶν ἔργων ἀπεργάζεται.

17. Καθόλου δ᾽ ἀπείργειν προσήκει τοὺς παῖδας τῆς πρὸς τοὺς πονηροὺς ἀνθρώπους συνουσίας. Ἀποφέρονται γάρ τι τῆς τούτων κακίας. Τοῦτο δὲ παρήγγειλε καὶ Πυθαγόρας αἰνίγμασιν, ἅπερ ἐγὼ παραθεὶς ἐξηγήσομαι· καὶ γὰρ ταῦτα πρὸς ἀρετῆς κτῆσιν συμβάλλεται ῥοπὴν οὐκ ἐλαχίστην· οἷον, Μὴ γεύεσθαι μελανούρων, τουτέστι μὴ συνδιατρίβειν μέλασιν ἀνθρώποις διὰ κακοήθειαν. Μὴ ζυγὸν ὑπερβαίνειν, τουτέστιν ὅτι δεῖ τῆς δικαιοσύνης πλεῖστον ποιεῖσθαι λόγον καὶ μὴ ταύτην ὑπερβαίνειν. Μὴ ἐπὶ χοίνικος καθίσαι, ἤτοι φεύγειν ἀργίαν καὶ προνοεῖν, ὅπως τὴν ἀναγκαίαν παρασκευάσομεν τροφήν. Μὴ παντὶ ἐμβάλλειν **E** δεξιάν, ἀντὶ τοῦ προχείρως οὐ δεῖ συναλλάσσειν. Μὴ φορεῖν στενὸν δακτύλιον· ὅτι δεῖ τὸν βίον <ἐλεύθερον> ἐπιτηδεύειν, καὶ μηδενὶ δεσμῷ προσάπτειν [αὐτόν]. Πῦρ σιδήρῳ μὴ σκαλεύειν, ἀντὶ τοῦ μὴ ἐρεθίζειν θυμούμενον — οὐ γὰρ προσῆκεν —, ἀλλ᾽ ὑπείκειν τοῖς ὀργιζομένοις. Μὴ ἐσθίειν καρδίαν, ἤτοι μὴ βλάπτειν τὴν ψυχὴν ταῖς φροντίσιν αὐτὴν κατατρύχοντα. Κυάμων ἀπέχεσθαι, ὅτι οὐ δεῖ πολιτεύεσθαι · [κναμευταὶ γὰρ ἦσαν

sind oder ob ihrer Selbstbeherrschung Lob und hohen
Ruhm gewonnen haben. Denn diese beiden Beweg-
gründe sind gleichsam die Elemente der Tugend, Hoff-
nung auf Ehre und Furcht vor Strafe. Jene läßt (uns)
leidenschaftlicher die vollendete Schönheit für unser
Handeln erstreben, während diese uns zögern macht,
wenn unser Handeln in die Gefahr kommt, gemein zu
werden.

17. Ganz allgemein halte man seine Kinder fern vom
Verkehr mit schlechten Menschen, denn immer nehmen
sie etwas von deren böser Art an. Dazu riet auch
Pythagoras[90]*) in einigen seiner rätselhaften Sprüche*
(Symbola), die ich hierher setzen und erläutern will.
Sie sind nämlich für den Erwerb der Tugend von sehr
bedeutendem Gewicht: „I ß k e i n e M e l a n u r e n"[91]*)*
— der Spruch will besagen: Verkehre nicht mit laster-
schwarzen Leuten wegen ihres schlechten Charakters.
„Ü b e r s t e i g e n i c h t d e n W a a g e b a l k e n" —
dieser Satz bedeutet: Man muß auf strengste Gerechtig-
keit achten und darf nicht über sie hinweggehen.
„S e t z e d i c h n i c h t a u f e i n e n S c h e f f e l":
— Meide die Faulheit und trage in deiner Voraussicht
dafür Sorge, daß wir uns die unerläßliche Nahrung
verschaffen. „R e i c h e n i c h t j e d e m d i e R e c h t e"
— das soll heißen: Man darf sich nicht leichtsinnig mit
jemandem aussöhnen. „T r a g e k e i n e n e n g e n
R i n g" — lebe ein (freies) Leben und schlag es nicht
in Fesseln. „S c h ü r e F e u e r n i c h t m i t e i n e m
S c h w e r t e" — will sagen: Reize nicht einen Zor-
nigen, denn das taugt nicht; Zornigen muß man nach-
geben. „I ß n i c h t d e i n H e r z a u f" — schädige
nicht dein Leben, indem du es mit Sorgen aufzehrst.
„E n t h a l t e d i c h d e r B o h n e n" — dränge dich
nicht nach der Führung im Staate — [„Kyameutai"[92]*)*

ἔμπροσθεν αἱ ψηφοφορίαι, δι᾽ ὧν πέρας ἐπετίθεσαν †ταῖς ἀρχαῖς]. Σιτίον εἰς ἀμίδα μὴ ἐμβάλλειν, ἐπισημαίνει γάρ, **F** ὅτι εἰς πονηρὰν ψυχὴν ἀστεῖον λόγον ἐμβάλλειν οὐ προσῆκεν· ὁ μὲν γὰρ λόγος τροφὴ διανοίας ἐστί· τοῦτον δ᾽ ἀκάθαρτον ἡ πονηρία ποιεῖ τῶν ἀνθρώπων. Μὴ ἐπιστρέφεσθαι ἐπὶ τοὺς ὅρους ἐλθόντας, τουτέστι μέλλοντας ἀποθνήσκειν καὶ τὸν ὅρον τοῦ βίου πλησίον ὄντα ὁρῶντας φέρειν εὐκόλως καὶ μὴ ἀθυμεῖν.

Ἀνακάμψω δ᾽ ἐπὶ τὴν ἐξ ἀρχῆς τοῦ λόγου ὑπόθεσιν· ἁπάντων μὲν γάρ, ὅπερ ἔφην, τῶν πονηρῶν ἀνθρώπων ἀπάγειν δεῖ τοὺς παῖδας, μάλιστα δὲ τῶν κολάκων. Ὅπερ γὰρ πολλάκις καὶ πρὸς πολλοὺς τῶν πατέρων δια- **13** τελῶ λέγων, καὶ νῦν ἂν εἴποιμι· γένος οὐδέν ἐστιν ἐξω- λέστερον οὐδὲ μᾶλλον καὶ θᾶττον ἐκτραχηλίζον τὴν νεότητα τῶν κολάκων, οἳ καὶ τοὺς πατέρας καὶ τοὺς παῖδας προρ- ρίζους ἐκτρίβουσι, τῶν μὲν τὸ γῆρας ἐπίλυπον, τῶν δὲ τὴν νεότητα ποιοῦντες, τῶν δὲ συμβουλευμάτων δέλεαρ ἀφύλακτον προτείνοντες τὴν ἡδονήν. Τοῖς παισὶ [τοῖς πλου- σίοις] οἱ πατέρες νήφειν παραινοῦσιν, οἱ δὲ μεθύειν. σωφρονεῖν, οἱ δ᾽ ἀσελγαίνειν· φυλάττειν, οἱ δέ δαπανᾶν· φιλεργεῖν, οἱ δὲ ῥᾳθυμεῖν, Στιγμὴ χρόνου πᾶς ἐστιν ὁ βίος λέγοντες· ζῆν οὐ παραζῆν προσῆκε· τί δὲ φροντιστέον ὑμῖν τῶν τοῦ πατρὸς ἀπειλῶν; κρονόληρος καὶ σοροδαίμων ἐστί· **B**

hießen vordem die Abstimmungen, durch die den Obrig-
keiten ihr Amt verliehen wurde.] „W i r f E s s e n n i c h t
i n d e n N a c h t t o p f" — *dieser Satz bedeutet, daß*
es sich nicht paßt, einer schlechten Seele in edler
Sprechweise zu begegnen — *das Wort (Logos) ist näm-*
lich die Nahrung des Geistes, und von der Gemeinheit
der Menschen wird es besudelt. „W ę n d e t e u c h
n i c h t z u r ü c k , w e n n i h r b i s z u d e n
G r e n z e n g e g a n g e n s e i d" — *will sagen: Wer*
vor dem Tod steht und das Ende seines Lebens nahe
sieht, der trage es mit heiterem Sinn und sei nicht
verzagt.

Nun komme ich wieder auf den ursprünglichen Gegen-
stand meiner Abhandlung zurück, daß man nämlich,
wie ich es forderte, die Knaben von allen schlechten
Menschen fernhalten muß, vor allem von den Schmeich-
lern.[83]) Was ich unablässig vielen Vätern gegenüber
geäußert habe, wiederhole ich auch hier jetzt von
neuem: Es gibt keine verderblichere Menschenklasse
und keine, die stärker und schneller die Jugend um-
bringt als die der Schmeichler. Väter und Kinder reiben
sie von Grund her auf, denn den einen vergällen sie
die Zeit des Alters, den andern die der Jugend, weil
sie als unentrinnbare Verlockung zu ihren Ratschlägen
den Genuß anbieten. So raten die Väter den Kin-
dern zur Nüchternheit, die Schmeichler zum Trinken,
die Väter wollen Enthaltsamkeit, die Schmeichler
Ausschweifung. Erstere Sparsamkeit, die anderen Ver-
schwendung, die Väter Arbeitsfreude, die Schmeichler
Neigung zum Nichtstun, wobei sie begründend hinzu-
fügen: „Unser ganzes Leben ist nur ein Punkt in dem
Fluß der Zeit. Darum hat man das Leben zu leben und
nicht vorbeizuleben. Zu welchem Zweck müßt ihr euch
ob der Drohungen eures Vaters sorgen? Der ist doch
nur ein altes Plappermaul und Grabgespenst. Wir wer-

καὶ μετέωρον αὐτὸν ἀράμενοι τὴν ταχίστην ἐξοίσομεν. Καθῆκε δέ τις καὶ χαμαιτύπην καὶ προηγώγευσε γαμετήν, καὶ τὰ τῶν πατέρων ἐφόδια τοῦ γήρως ἐσύλησε καὶ περιέκοψε. Μιαρὸν τὸ φῦλον, ὑποκριταὶ φιλίας, ἄγευστοι παρρησίας, πλουσίων μὲν κόλακες πενήτων δ᾽ ὑπερόπται, ὡς ἐκ † λυρικῆς τέχνης ἐπὶ τοὺς νέους ἀγόμενοι, σεσηρότες ὅθ᾽ οἱ τρέφοντες γελῶσι καὶ ψυχῆς ὑποβολιμαῖα καὶ νόθα μέρη βίου· πρὸς δὲ τὸ τῶν πλουσίων νεῦμα ζῶντες, τῇ τύχῃ μὲν ἐλεύθεροι, τῇ προαιρέσει δὲ δοῦλοι· ὅταν δὲ μὴ ὑβρίζωνται, τόθ᾽ ὑβρίζεσθαι δοκοῦντες, ὅτι μάτην παρατρέφονται. C Ὥστ᾽ εἴ τῳ μέλει τῶν πατέρων τῆς τῶν τέκνων εὐαγωγίας, ἐκδιωκτέον τὰ μιαρὰ ταῦτα θρέμματα. Ἐκδιωκτέον δὲ καὶ τὰς τῶν συμφοιτητῶν μοχθηρίας· καὶ γὰρ οὗτοι τὰς ἐπιεικεστάτας φύσεις ἱκανοὶ διαφθείρειν εἰσί.

18. Ταῦτα μὲν οὖν καλὰ καὶ συμφέροντα. ἃ δὲ μέλλω λέγειν, ἀνθρώπινα. Οὐδὲ γὰρ αὖ πάλιν τοὺς πατέρας ἔγωγ᾽ ἀξιῶ τελέως σκληροὺς καὶ τραχεῖς εἶναι τὴν φύσιν, ἀλλὰ πολλαχοῦ καὶ συγχωρῆσαί τινα τῶν προτέρων ἁμαρτημάτων, καὶ ἑαυτοὺς ἀναμιμνήσκειν, ὅτι ἐγένοντο νέοι. Καὶ καθάπερ ἰατροὶ τὰ πικρὰ τῶν φαρμάκων τοῖς D γλυκέσι χυμοῖς καταμιγνύντες τὴν τέρψιν ἐπὶ τὸ συμφέρον πάροδον εὗρον, οὕτω δεῖ τοὺς πατέρας τὴν τῶν ἐπιτιμημάτων ἀποτομίαν τῇ πραότητι μιγνύναι· καὶ τοτὲ μὲν

den ihn sehr bald auf die Schultern heben und draußen vor der Stadt zu Grabe tragen.“[84]) Einer führte auch wohl eine Dirne zu und verkuppelte eine verheiratete Frau;[85]) er brachte das Zehrgeld des Alters, das die Väter zurückgelegt, an sich und verschleuderte es. Es ist ein verruchtes Geschlecht, das Freundschaft schauspielert und Freimut nie gekostet hat: Der Reichen Schmeichler und Verächter der Armen. Sie machen sich an die Jugend heran gleichsam wie mit Zauberkünsten (?). Sie grinsen, wenn ihre Ernährer sie verlachen[96]) als Bastarde der Seele und Falschgeld des Lebens. Lebend nach dem Wink der Reichen, sind sie nach den zufälligen Bedingungen ihrer Lage Freie, ihrer vorsätzlichen Entscheidung nach aber Sklaven.[97]) Wenn sie nicht mißhandelt werden, fühlen sie sich trotzdem in dem Augenblick mißhandelt, in dem sie sich zwecklos mit durchfüttern lassen. — Also: Wenn einem eine gute geistige Bildung am Herzen liegt, so hat er wirklich die Pflicht, diese verruchte Brut aus seinem Hause zu weisen; aus seinem Hause weisen muß er aber auch die charakterlich minderwertigen Mitschüler. Denn auch die Mitschüler sind fähig, die unbescholtensten Naturen zu verderben.

18. Das alles sind schöne und nützliche Vorschriften.[98]) Doch nun will ich noch etwas sehr Menschliches sagen. Die Väter, meine ich, sollen sich wieder auch nicht völlig rauh und hart verhalten, sondern recht oft (sogar) einen der harmlosen Fehltritte nachsehen. Die Väter mögen daran denken, daß auch sie einmal jung waren. Wie Ärzte bittere Heilmittel mit süßen Säften mischen, die die wohlige Empfindung als Ausweg erfanden, um etwas Nützliches zu ermöglichen, so müssen auch die Väter schroffen Tadel untermischen mit Milde. Zuweilen gebe man den Begierden

ταῖς ἐπιθυμίαις τῶν παίδων ἀφεῖναι καὶ χαλάσαι τὰς ἡνίας, τοτὲ δ' αὖ πάλιν ἀντιτεῖναι, καὶ μάλιστα μὲν εὐκόλως φέρειν τὰς ἁμαρτίας, εἰ δὲ μή γε, προσοργισθέντας ταχέως ἀποφλεγμῆναι. Μᾶλλον γὰρ ὀξύθυμον εἶναι δεῖ τὸν πατέρα ἢ βαρύθυμον, ὡς τό γε δυσμενὲς καὶ δυσκατάλλακτον μισοτεκνίας οὐ μικρὸν τεκμήριόν ἐστι. Καλὸν δὲ καὶ ἔνια τῶν ἁμαρτημάτων μηδ' εἰδέναι δοκεῖν, ἀλλὰ τὸ τοῦ γήρως ἀμβλυῶττον καὶ δύσκωφον ἐπὶ τὰ E γινόμενα μεταφέρειν, ὡς ἔνια τῶν πραττομένων ὁρῶντας μὴ ὁρᾶν καὶ ἀκούοντας μὴ ἀκούειν. Φίλων ἁμαρτήματα φέρομεν· τί θαυμαστὸν εἰ τέκνων; δούλων πολλάκις κραιπαλώντων μέθην οὐκ ἐξηλέγξαμεν· ἐφείσω ποτέ, ἀλλὰ καὶ χορήγησον· ἠγανάκτησάς ποτε, ἀλλὰ καὶ σύγγνωθι. Ἐβουκόλησέ ποτε δι' οἰκέτου, τήν ὀργὴν κατάσχε· ἐξ ἀγροῦ ποτε ζεῦγος ἀφείλετο, ἦλθέ ποτε χθιζῆς μέθης ἀποπνέων, ἀγνόησον· μύρων ὄζων, σίγησον· οὕτω σκιρτῶσα νεότης πωλοδαμνεῖται.

19. Πειρατέον δὲ τοὺς τῶν ἡδονῶν ἥττους καὶ πρὸς τὰς ἐπιτιμήσεις δυσηκόους γάμῳ καταζεῦξαι· δεσμὸς γὰρ F οὗτος τῆς νεότητος ἀσφαλέστατος. Ἐγγυᾶσθαι δὲ δεῖ τοῖς υἱοῖς γυναῖκας μήτε εὐγενεστέρας πολλῷ μήτε πλουσιωτέ-

seiner Kinder nach und lasse ihnen die Zügel schießen. Ein andermal ziehe man sie wieder straff an. Vor allem trage man die Fehltritte seiner Kinder mit ruhiger Gelassenheit. Gelingt dies nicht, dann mögen diejenigen, die noch dazu in heftigen Zorn gerieten, diesen schnell wieder dämpfen. Jähzorn steht dem Vater immer noch besser an als tief eingefressener Groll, denn ein feindseliges, unversöhnliches Verhalten ist ein sehr bedeutendes Anzeichen für Kinderhaß. So ist es zuweilen recht gut, so zu scheinen, als wüßte man nichts von den Fehltritten, sondern als wende man die dem Alter eigene Schwäche im Sehen und Hören auf das Vorgefallene an, so daß man dies und das von den Untaten sehend nicht sieht und hörend nicht hört. Unserer Freunde Fehler ertragen wir. Was Wunder, wenn wir die unserer Kinder ertragen? Auch unsere Diener schelten wir nicht, wenn sie sich, wie das oft geschieht, einen Rausch antrinken. Du bist einmal sparsam gewesen — laß dann aber auch wieder etwas draufgehen. Du bist böse gewesen, ein anderes Mal übe auch wieder Verzeihen. Dein Sohn hat dich einmal mit Hilfe deines Dieners hintergangen — halte an dich mit dem Zorn. Er entführte dir einmal vom Felde ein Gespann, kam einmal zu dir, noch nach dem Rausch von gestern riechend — tue, als hättest du es nicht bemerkt; kam, vom Balsam duftend — sage nichts. Das ist die Weise, wie man mit` dem füllenhaften Benehmen einer übermütigen Jugend fertig wird.

19. Diejenigen aber, die allzusehr den Freuden fröhnen und gegen alle tadelnden Vorstellungen taub sind, muß man durch das Joch der Ehe zu fesseln versuchen. Es ist die Ehe die sicherste Fessel für die Jugend. Dabei empfiehlt es sich, seinen Söhnen Frauen zu geben, die weder viel vornehmer noch auch reicher

ρας· τὸ γάρ, Τὴν κατὰ σαυ ὸν ἔλα, σοφόν· ὡς ἴ γεο
μακρῷ κρείττους ἑαυτῶν λαμβάνοντες οὐ τῶν γυναικῶν
ἄνδρες, τῶν δὲ προικῶν δοῦλοι λανθάνουσι γινόμενοι. 14

20. Βραχέα δὲ προσθεὶς αὐτοῖς περιγράψω τὰς ὑποθήκας.
Πρὸ πάντων γὰρ δεῖ τοὺς πατέρας τῷ μηδὲν ἁμαρτάνειν,
ἀλλὰ πάνθ' ἃ δεῖ πράττειν, ἐναργὲς ἑαυτοὺς παράδειγμα
τοῖς τέκνοις παρέχειν, ἵνα πρὸς τὸν τούτων βίον ὥσπερ
κάτοπτρον ἀποβλέποντες ἀποτρέπωνται τῶν αἰσχρῶν
ἔργων καὶ λόγων. Ὡς οἵτινες τοῖς ἁμαρτάνουσιν υἱοῖς
ἐπιτιμῶντες τοῖς αὐτοῖς ἁμαρτήμασι περιπίπτουσιν, ἐπὶ
τῷ ἐκείνων ὀνόματι λανθάνουσιν ἑαυτῶν κατήγοροι γινόμενοι. Οἱ δ' ὅλον φαύλως ζῶντες οὐδέ τοῖς δούλοις παρ-
ρησίαν ἄγουσιν ἐπιτιμᾶν, μή τί γε τοῖς υἱοῖς. Χωρὶς δὲ B
τούτων γένοιντ' ἂν αὐτοῖς τῶν ἀδικημάτων σύμβουλοι καὶ
διδάσκαλοι· ὅπου γὰρ γέροντές εἰσιν ἀναίσχυντοι, ἐνταῦθ'
ἀνάγκη καὶ νέους ἀναιδεστάτους εἶναι.

Πειρατέον οὖν εἰς τὸν τῶν τέκνων σωφρονισμὸν πάνθ'
ὅσα προσῆκεν ἐπιτηδεύειν, ζηλώσαντας τὴν Εὐρυδίκην,
ἥτις Ἰλλυρὶς οὖσα καὶ τριβάρβαρος, ὅμως ἐπὶ τῇ μαθήσει
τῶν τέκνων ὀψὲ τῆς ἡλικίας ἥψατο παιδείας· ἱκανῶς δ'
αὐτῆς τὴν φιλοτεκνίαν σημαίνει τοὐπίγραμμα, ὅπερ
ἀνέθηκε ταῖς Μούσαις·

Εὐρυδίκη Ἱέρρα πολιήτισι τόνδ' ἀνέθηκε
    Μούσαις, εὔιστον ψυχῇ ἑλοῦσα πόθον. C
Γράμματα γὰρ μνημεῖα λόγων μήτηρ γεγαυῖα
    Παίδων ἡβώντων ἐξεπόνησε μαθεῖν.

— 68 —

*sind als sie selbst. Der Spruch nämlich: ,Treibe die, die
zu dir paßt', ist recht klug.* [99] **Denn der Mann wenigstens,
der sich eine Frau nimmt, die viel reicher ist als er
selbst, wird unmerklich nicht der Herr dieser Frau, sondern der Sklave ihrer Mitgift.**

20. *Nur noch wenige Worte und ich kann meine Darstellung abschließen. Vor allem müssen die Väter ihren
Kindern dadurch selbst zu einem leuchtenden Beispiel
werden, daß sie selbst keinerlei Fehltritt begehen, sondern in allem sittlich handeln. Denn die Kinder sollen,
auf den Lebenswandel ihrer Väter wie auf einen Spiegel
blickend, sich von schlechten Handlungen und Worten
fernhalten. Denn wer seine losen Söhne tadelt und dabei denselben Fehlern verfallen ist, wird unmerklich im
Namen seiner Söhne sein eigener Ankläger, und wer
selbst gänzlich lasterhaft lebt, verwirkt bei sich die
Freiheit, seine Sklaven zu tadeln; wieviel weniger darf
er dann seine Söhne zurechtweisen. Aber abgesehen
davon werden die Väter so geradezu Ratgeber und
Lehrer in den Fehltritten. Denn wo die Greise schamlos sind, müssen auch die jungen Leute mit Not-
wendigkeit ganz schamlos sein.*

*Man sollte somit versuchen, für das sittliche Ver-
halten seiner Kinder alles Erforderliche zu tun, darin
der Eurydike*[100]*) nacheifernd, die, obgleich eine
Illyrierin und damit eine wirklich barbarische*[101]*) Frau,
sich dennoch, um ihre Kinder unterrichten zu können,
noch in hohem Alter ans Lernen machte.*[102]*) Ihre
Kinderliebe bezeugt hinreichend eine von ihr den Musen
geweihte Inschrift:*

Hirras' Kind, die (schöne) Eurydike, weiht' es den Musen,
  Landsgenossinnen ihr, — Wissen ersehnte das Herz.
Denn der Gedanken erinnernde Zeichen, die Schrift, hat als Mutter
  Blühender Söhne sie noch mühlich und sorgsam erlernt.[103])

Τὸ μὲν οὖν πάσας τὰς προειρημένας συμπεριλαβεῖν παραινέσεις εὐχῆς ἴσως ἔργον ἐστί· τὸ δὲ τὰς πλείους ζηλῶσαι καὶ αὐτὸ μὲν εὐμοιρίας δεόμενόν ἐστι καὶ πολλῆς ἐπιμελείας· ἀνυστὸν δ' οὖν ἀνθρωπίνῃ φύσει καθέστηκεν.

*Alle die im Vorstehenden angeführten Ratschläge
beachten zu können, wird wohl ein frommer Wunsch
bleiben. Dem größeren Teil indes als Richtschnur zu
folgen, so sehr auch dies glücklicher äußerer Umstände
bedarf und großer Sorgfalt, dazu ist menschliche Kraft
gleichwohl durchaus imstande.*[104])

NACHWORT

Die im Vorstehenden veröffentlichte Schrift „Über die Kinderzucht" findet sich in den sog. Moralia des Plutarch von Chaironeia (ca. 50—120 n. Chr.). Mit dem Titel „Moralia" ist von Späteren die Sammlung der philosophischen Abhandlungen Plutarchs bezeichnet worden. Diese gingen ursprünglich zum Teil einzeln, zum Teil zu mehreren vereinigt um, bis im 13. Jahrhundert der gelehrte und als Sammler zerstreuten antiken literarischen Geistesguts bekannte byzantinische Mönch Maximus Planudes 69 dieser philosophisch orientierten Aufsätze aufzusuchen unternahm und hernach mit neun weiteren Stücken zu einer Gesamtausgabe vereinigte. Da er an ihren Anfang 21 Abhandlungen ethischen Inhalts setzte ($\dot{\eta}\vartheta\iota\varkappa\acute{\alpha}$, moralia), erhielt schließlich davon die ganze Sammlung den Titel Moralia.

Unechtes schlich sich dabei ein. Auch die Schrift „Von der Kinderzucht" — sie findet sich gleich am Anfang der Moralia zusammen mit zwei weiteren pädagogischen Schriften („Wie der junge Mann die Dichter hören soll" und „Über die richtige Art des Hörens") — ist seit der gelehrten Erstausgabe (Oxford 1795 bis 1830, Leipzig 1796—1834) von Daniel Albert Wyttenbach (1746—1820) dem Verdikt der Unechtheit anheimgefallen (siehe dessen Animadversiones 1800ff., vol. I 29ff.). Die plutarchische Herkunft ist bis heute umstritten geblieben. Dem Alter nach bleibt die „Kinderzucht" aber auch dann wohl ein Erzeugnis spätestens der unmittelbar auf Plutarch folgenden Zeit; sowohl in der Art, mit der das Anekdotische in den Gedankengang eingeflochten wird, wie auch im Inhalt der Anekdoten bestehen auffallende Beziehungen zu Plutarchs historischer Schriftstellerei bzw. deren Quellen. Die geistigen Grundlagen bilden die peripatetische und altstoische Philosophie; aber auch Platon wird zitiert.

Der Angriff der neueren Philologie auf die plutarchische Herkunft der „Kinderzucht" besagt jedoch nichts für das Interesse, das das Schriftchen beanspruchen kann und im Abendland seit der Renaissance auch immer beansprucht hat.

Das kleine Werk behandelt das Problem, zu welchen Zielen die Kinder frei geborener Eltern erzogen werden sollen. In der Ausrichtung dieser Ziele auf die „Tugend" als die für die Hellenen zu erstrebende sittliche Vollendung des Menschen ist sie von jenem philosophischen Idealismus getragen, der fast alle philosophischen Denker des alten Hellas und der meisten Schulen des Hellenismus kennzeichnet. Die hellenistische Zeit vom 3. Jahrhundert vor Christi bis zum 2. Jahrhundert nach Christi vermochte nicht mehr geistig darum zu k ä m p f e n, sondern g l a u b t e an vergangene Größe und deren Schöpfungen. Diese haben seit dem Hellenismus in der alten Welt ein Gemeingefühl erzeugt, dem es nicht mehr um die Existenz oder Nichtexistenz, Verkehrtheit oder Richtigkeit einer ganzen Weltsicht mit einer bestimmt gerichteten Anschauung vom Menschen geht, sondern das sich im Letzten in der Frage nach einer Gottheit als leitender überweltlicher Macht, dem Kosmos als deren Hervorbringung und dem Menschen als dem seine Seele schützenden Erkenntnisträger einig war. Man stritt nunmehr nur noch um die Richtigkeit je des einen oder anderen der längst ausgeformten Schuldogmen, die die Gottheit als Glück oder als Schicksal (Tyche oder Heimarmene=Fortuna oder Fatum) festlegten, über die Erschaffenheit oder Unerschaffenheit des Kosmos ihre Aussagen machten oder die Möglichkeit der philosophischen Erkenntnis und die Art der Tugend als Ziel ethischen Wollens des Menschen im Widerstreit miteinander bestimmten.

Von solchen Voraussetzungen aus entwirft auch die Schrift „Von der Kinderzucht" ein Bild der Erziehungsaufgaben und der Bildungsziele für die Knaben ihrer Zeit.

Der — objektiv gesehen — dogmatische Charakter der Schrift über die Kinderzucht wird indes für den heutigen Leser dadurch aufgehoben, daß in der Erarbeitung vergangener griechischer Äußerungen über Erziehung tatsächlich vielfach auf Ziele zurückgegriffen wird, die „ursprünglich", das heißt in der Natur des Kulturmenschen überhaupt gegeben sind: das Verlangen der Jugend, sich irgendwie auszubilden, und die damit verbundene verantwortliche Aufgabe der Väter. Mit Glück ist dabei reines Theoretisieren vermieden; damit sind die Gedanken früherer Zeiten im Bereich des noch Lebendigen festgehalten. Der Leser nimmt zwar auch Anteil an der soziologischen Struktur der griechischen Gesellschaft um das 1. Jahrhundert vor Christi oder nach Christi, beginnt aber zugleich sich seine Gedanken zu machen über die Bewertung, die im griechischen Denken die Freigeborenen als die gewünschten und gegebenen Träger der Tugend erfuhren, und die Sklaven, die in den meisten Fällen offensichtlich solcher Bil-

dung nicht für fähig erklärt wurden. Fällt freie Geburt und sittliche Freiheit wirklich so zusammen, daß man darauf eine Bildungstheorie für Adlige aufbauen kann? Dies bestritt schon die alte Stoa, und auch der Verfasser der „Kinderzucht" ist sich sehr wohl darüber im klaren, daß es sich hier sogar bei den Freien um ein Problem der sozialen Stellung handeln kann und daß der finanziell gut gestellte Freie für den unerläßlichen Unterricht ganz andere Mittel einzusetzen vermag als der arme Freie (vom Sklaven gar nicht zu reden), und daß also die Möglichkeit zu der von den Philosophen geforderten sittlichen Freiheit in Wirklichkeit doch zum Teil eine Sache des Geldes blieb. Diese Kritik besteht tatsächlich auch dann zu Recht, wenn man daran denkt, daß damals in der Theorie die Vorstellung festgehalten wurde, daß die Freiheit ganz und gar in dem Willen der Einzelpersönlichkeit gründete — gleichgültig, ob eines Freien oder Sklaven — und daß die Stärke, mit der der Mensch sie vertrat, der eigentliche Gradmesser seines Wertes war. So steht hinter den Erörterungen der Kinderzucht zunächst allerdings ein Bild aus dem Alltag griechischer Städte, aber dieses bleibt nicht in seinen historischen Raum gebannt, sondern ist zeitlos, wie die Probleme der Erziehung zeitlos sind.

Die Schrift von der Kinderzucht empfängt unbedingt ein plutarchisches Gepräge durch eine an Vergleichen fast überreiche Sprache. Diese ist durchaus nicht leicht, denn die Ausdrucksweise ist oft gewählt, der Satz zuweilen lang, und antithetische Führung der Gedanken wird bevorzugt. Das alles war erlernte Kunstfertigkeit (Rhetorik). Der gebildete Grieche forderte die Anwendung von Stilmitteln, da ihm seine Sprache klang und sein Ohr eine harmonische Ausgewogenheit von Satzteilen, Sätzen und ganzen Abschnitten verlangte. Man kann die dabei gehandhabten Kunstgriffe abstoßend übertreiben (die griechische Sprache war in diesem Bezug zu vielem fähig); gerade dies aber vermied der Verfasser mit einem durchaus guten und feinen Empfinden für das Maßvolle. Seine Hinwendung zu der unendlich reichen Tradition seines Volkes, von der wertvolles Geistesgut allenthalben schon unter den verschiedensten Gesichtspunkten in Sammlungen zusammengefaßt war, die sich neben den alten Klassikern behaupteten, hat ihm den Stil der Klassiker nicht anders wie dem Plutarch ans Herz gelegt, ohne auch ihn schon zu rein technischer Nachahmung im Sinne der attizistischen Bewegung der kommenden Zeit zu verführen.

Freilich, eigene geistige Leistung des Verfassers ist nicht das Merkmal dieser Schrift. Der Sinn aber, den dieser Mann für die große geistige Überlieferung seines Volkes zeigt — und diese

Verehrung der Vergangenheit rückt ihn wiederum in die Nähe Plutarchs —, ist unbedingt ein die „Kinderzucht" auszeichnendes Moment.

So ist denn auch die dispositionelle Anordnung des Stoffes zweifellos ebenfalls mehr typisch als original. Die Disposition stellt sich im großen offenbar dar wie folgt:

Thema: Wie soll man freie Kinder zu edlen Charakteren aufziehen? (c. 1 Anfang)

I. Einleitende allgemeine Bemerkungen über die Beeinflussungsmöglichkeit des Charakters (c. 1—4)
1. Zusammenhang von Zeugung und Charakter (c. 1—3)
2. Bedeutung der Bildung für den werdenden Charakter (c. 4)

II. Erzieher, Bildungsstoffe und Erzogene (c. 5—20).
A. Die Erzieher (c. 5—7)
1. Mütter und Ammen (c. 5)
2. Der Einfluß der Gespielen (c. 6)
3. Verantwortliche Pädagogen- und Lehrerwahl (c. 7)
Überleitung: Zusammenhang zwischen Bildung und Tugend (8)
B. Die Lehrstoffe (c. 9—11)
1. Rhetorik (c. 9)
2. Philosophie, nebenbei enzyklische Wissenschaften (c. 10, 1. Teil)
Exkurs: Empfehlung des Studiums der klassischen Literaturwerke (c. 10, 2. Teil)
3. Gymnastik (c. 11, 1. Teil)
Überleitung: Das Verhältnis zwischen der sozialen Stellung des Freien und den Bildungsmöglichkeiten (c. 11, 2. Teil)
C. Der erzieherische Anteil der Väter an der Bildung der Söhne im Knabenalter (c. 12—15)
1. Kluge Verteilung von Lob und Tadel (c. 12)
2. Regelung von Arbeit und Erholung (c. 13, 1. Teil)
3. Unterrichtskontrolle. Forderung der Übung des Gedächtnisses (c. 13, 2. Teil)
4. Erziehung zum Anstand in den Äußerungen (c. 14, 1. Teil)
5a. Erziehung zu den Tugenden (Schlichtheit, Ehrlichkeit, Beherrschung des Zorns (c. 14, 2. Teil)
Exkurs: Beispiel der Vergangenheit und Charakterbildung (c. 14, 3. Teil)

5b. Erziehung zur Tugend (Wahrheit) (c. 14, 4. Teil)

Exkurs: Über die Knabenliebe ins klare zu kommen ist
schwierig; die Entscheidung bleibt den Vätern überlassen (c. 15)

D. *Die Erziehung der Jünglinge ist vom Vater noch stärker
zu beachten* (c. 16—20, 1. Teil). Die gestellten Aufgaben sind:

1. Bekämpfung des Maßlosen (c. 16)
2. Bekämpfung des schlechten Verkehrs (c. 17)
3. Ausgleichendes Verhalten in der Anwendung
   von Strenge und Nachsicht (c. 18)
4. Anbahnung einer Ehe gegen unmäßiges Sichausleben
   (c. 19)
   Exkurs: Die Bedeutung des väterlichen Vorbildes
   (c. 20, 1. Teil)

III. S c h l u ß : Sittliche Erziehung ist eine sehr schwere Aufgabe, aber keine, die alle menschlichen Möglichkeiten über-
schreitet (c. 20 Ende).

Die geistige Ausbildung in der Rhetorik und der Philosophie
erscheint nach der Mittelstellung der beiden Abschnitte in der
Gesamtanordnung des Stoffes und den preisenden Sätzen über
Bildung und ethische Tugend, die zu diesem Abschnitt hinführen,
für die Bildungsanschauungen des Verfassers der „Kinderzucht"
als zentral. Hinsichtlich ihres charakterformenden Wertes ist
der Gymnastik — an sich ein wesentlicher Teil griechischer Erziehung — nicht entfernt so eindringlich das Wort geredet. (Merkwürdig berührt das Fehlen der sonst in der griechischen Erziehung so wichtig genommenen Musik.) Alle diese „Fächer"
gehören den Lehrern.

Zu diesem wichtigsten Abschnitt der Mitte bilden die den
Eltern obliegenden Pflichten gewissermaßen den Rahmen.[*]

Als ihre eigentlichen Erzieher begriffen die Griechen stets
Homer und die alten Dichter. Aber es bedarf der menschlichen

---

[*] Die Bedeutung der geistigen Ausbildung hebt Ps. Plutarch
zudem mit dem orphischen Zitat (5 C) und seiner Anwendung
auf die Bildung hervor. Was die quantitative Aufteilung des
Ganzen angeht, so darf man sich von der zum Teil ungeschickten
— unantiken — Kapiteleinteilung nicht irre machen. Den benö-
tigten Seiten nach umfaßt dieser Mittelteil sieben Druckseiten,
die vorausgehenden und nachfolgenden Abschnitte je neun Seiten
(diese jeweils in zwei ziemlich gleiche Abschnitte zerlegt). In
der rhetorischen antiken Schriftstellerei liebte man auch im
Äußeren solche Ausgewogenheit.

Vermittlung der bei diesen dargestellten Erziehungsinhalte; und so sind denn der ideale Erzieher und eine echt gerichtete Erziehung in den Städten der griechischen Welt seit alter Zeit lebhaft erörtert worden. Die Diskussion beginnt bei den Sophisten, Sokrates und Platon greifen sie auf, Aristoteles formuliert die Ziele wieder neu, die Stoa schließt sich im Hellenismus an. So wird seit Platon der Philosoph der eigentliche Träger der Erziehung durch die Philosophie. Andere hatten in Fortsetzung sophistischer Ansätze die Rhetorik in den Mittelpunkt der Bildung gestellt. Mit Aristoteles erscheinen Rhetorik und Philosophie für die Erziehung vereint; das rhetorische Tun ist der sittlichen Forderung nach Wahrheit unterstellt. Das Ideal kann man an Ciceros rednerischer (staatsmännischer) Theorie und Praxis beobachten. Zu diesen beiden „Fächern" treten früh weitere, vor allem Gymnastik und Musik und im Fortgang der Entwicklung der griechischen Fachwissenschaften und philosophischen Teildisziplinen auch diese; man faßte sie unter dem Namen der enzyklischen Wissenschaften zusammen.

Die aufregende Bewegung, die die Erörterung dieser Probleme im 5. und 4. Jahrhundert auslöste, war seit dem Hellenismus auch auf diesem Feld einer gewissen Dogmatik gewichen und darin das Erziehungsproblem so populär geworden, daß die Späteren es in der lockeren Form der Diatribe, der meist populär gehaltenen Abhandlung oder Vorlesung, erörterten, die zwar noch die Aufgabe in der Diskussion stellt oder im Vortrag epideiktisch bewältigt, nicht aber die Probleme in selbständiger philosophischer Erörterung entwickelt. Solche Diatriben waren wohl zunächst die Quellen für unsere kleine Schrift. Diesen gingen ältere peripatetisch und stoisch gerichtete Erziehungsschriften voraus. Von dem Peripatetiker Aristoxenos von Tarent existierten mehrere Abhandlungen über die Lebensweise der „Pythagoreer", darunter wenigstens eine, in der auch Erziehungsmaximen in ziemlicher Ausführlichkeit behandelt waren*). Von dem Alt-

---

*) Vgl. die Abhandlung des Neuplatonikers Iamblichos über das Leben des Pythagoras; in dessen Darstellung fand u. a. auch Aufnahme, was Aristoxenos darüber beigebracht hatte. Anderes aus der genannten Schrift des Aristoxenos ist bei Okellos und Stobaios erhalten. Das Material des Aristoxenos ist wohl schon als ein Stück der früh entstandenen Pythagoraslegende anzusehen (H. Diels, Die Fragmente d. Vorsokratiker 1 Nr. 45 D 1ff. und Anm. zu Nr. 45 D 1). — Der Text der ps.plutarchischen „Kinderzucht" zeigt öfters engere Verwandtschaft mit Aristoxenos, vgl. besonders Diels a. O. D 3, 4 und 8.

stoiker Zenon hören wir, daß er ein Buch über die Erziehung in Hellas schrieb; von einer pädagogischen Schrift des Stoikers Chrysippos liegen sogar noch ein paar Fragmente vor. Aus diesen Vorlagen erklären sich die peripatetischen und stoischen Gedanken der „Kinderzucht". Zudem sind Aristoteles und Platon auch selbst benutzt. Die mehrfachen Dichterzitate aber zeigen schön, bis zu welchem Grad bereits in der Erziehung man eine Art Kanon entwickelt hatte, dessen einzelne „Regeln" mit dem alten Homer und den Dichtern der archaischen und klassischen Zeit, vor allem Euripides, die nun eine fast priesterliche Würde empfangen hatten, verbunden sind.

Die Anwendung eines solchen mischenden und kompilierenden Verfahrens in der Niederschrift der „Kinderzucht" ist gegründet in dem philosophischen Eklektizismus ihres Verfassers, der für das 1. vor- und 1. nachchristliche Jahrhundert recht charakteristisch ist. Die vor allem vom Peripatos und der Stoa bestimmten Gedanken, in die Platonisches und „Pythagoreisches" eingestreut ist, gipfeln in der ethischen Forderung des Aristoteles, in allem „die Mitte" zu halten, also den schwierigen Weg zu gehen, der in der Mitte liegt zwischen Maßlosigkeit und zu schwacher Tätigung seelischer Regungen; diese Mitte, die aurea mediocritas, die goldene Mitte, ist die Tugend. Die Art, den Charakter zu formen, ist also hier im wesentlichen peripatetisch. Da ihm auch ein bestimmter Stil entsprechen muß, so ist zu fragen, ob an Einfluß von Theophrasts rhetorischer Theorie hierbei gedacht werden muß.

* * *

Der T e x t ist für die Neuauflage mit der letzten wissenschaftlichen deutschen Ausgabe der Moralia verglichen worden (Plutarchi Moralia edd. Hubert-Nachstädt-Paton†-Pohlenz-Sieveking†-Wegehaupt†, Lipsiae 1925 ff. Vol. I S. 1—27 ed. Paton†). Der Ü b e r s e t z u n g liegt entfernt die Bearbeitung zugrunde, die Fritz Zahn für die erste Auflage bei Heimeran (München 1924) nach W. P. H. Seliger angefertigt hat, weicht aber vielfach von der ersten Fassung ab. Die an dieses N a c h w o r t angeschlossenen E r k l ä r u n g e n zu einzelnen Textstellen, die freilich keinen Kommentar zur „Kinderzucht" bilden sollen, beziehen sich meist auf die in der kleinen Schrift verarbeiteten geschichtlichen, philosophischen und rhetorischen Materialien.

Diese sind ihrer Herkunft nach alle griechisch und somit ein Teil „des geschichtlichen Gedächtnisses eines Volkes", das sich seit dem späteren Hellenismus längst zu einer geistigen Potenz umgeformt hatte. Damals wirkte sich dieses Volk des alten

Hellas nicht mehr im Politischen aus; wohl aber im Geistigen in einem verwandelten Zustand: Es war sein Genius, der die Kultur des römischen Weltreichs und späterhin des Abendlandes befruchtete.

Seit den Zeiten der ausgehenden römischen Republik wurde in griechischen und römischen Kreisen die Verantwortung erfühlt, die der Geist der frühen und mittleren Literatur der Hellenen für die Formung des Menschen allgemein bereits übernommen hatte. Den Männern der hellenistischen und späteren Jahrhunderte ist es zu danken, daß eine saubere Empfindung für das, was Griechentum einst war, selbst in der riesigen geistigen Verwandlung erhalten blieb, der seit der Spätantike die Seele der Menschen im Imperium Romanum unterworfen war. Unter den christlichen Schriften ist Basilius' ,,Mahnrede an die Jugend'' dafür ebenso Zeugnis wie die Schrift über ,,den leeren Ruhm und die Kindererziehung'' des Kirchenvaters Joh. Chrysostomos, die auch auf unser Erziehungsschriftchen zuweilen Bezug nimmt.

Im Laufe der griechischen Entwicklung waren die geistigen Leistungen der Vergangenheit zu einem Schatz überzeitlichen Wertes zusammengetragen worden. Die seitdem im Abendland ewig gleich gefühlten Grundtatsachen eines höheren menschlichen Daseins, wie sie von den Griechen vor allem der klassischen Zeit des 6. bis 4. Jahrhunderts gültig, wie es schien, formuliert waren, wurden so stets von neuem erhellt und in die sich besinnende Verantwortung der jeweiligen europäischen Gegenwart gerufen. Dem entspricht es, wenn mit der Erneuerung der antiken Studien seit dem frühen 15. Jahrhundert auch die Schrift von der ,,Kinderzucht'' in der Pädagogik erhebliche Bedeutung gewann. ,,Um das Jahr 1410 übersetzte Guarino die Schrift über die Kinderzucht ins Lateinische . . . . . Als Aeneas Sylvius 1450 seinen Tractatus de liberis educandis für König Ladislaus von Ungarn und Böhmen schrieb, verriet er schon durch den Titel, wo er sein Vorbild hatte, noch mehr aber durch das vorausgeschickte Bekenntnis, daß er so wenig als Plutarch in der Prügelmethode das Heil einer vernünftigen Erziehung sähe'' (Hirzel). Aeneas Sylvius war von der Verfasserschaft Plutarchs noch ebenso überzeugt wie bald hernach Melanchthon, der in Vorlesungen über Plutarch, indem er ihn eben wegen seiner erzieherischen Wirkung behandelte, die Schrift über die Kinderzucht stark benützte. 1578 erschien Fischarts Übersetzung ins Deutsche in Straßburg. Hübsch auch, daß man im 15. Jahrhundert in humanistischen Kreisen die nette Sitte pflegte, diese Schrift einer Gratulation zur Geburt beizufügen. Und noch in späteren Jahrhunderten kam man wiederholt auf sie zurück.

ERLÄUTERUNGEN

[1]) Euripides, Herakles 1150 f. Worte des Herakles an den Athenerkönig Theseus.

[2]) Euripides, Hippolytos 424 f. Worte der Phaidra zu ihrer Amme.

[3]) Diophantos ist als Sohn des athenischen Staatsmannes Themistokles nicht bekannt. Vielleicht liegt ein Schreibfehler vor und ist mit älteren Gelehrten Kleophantos (vgl. Plut., Leben des Themistokles cp. 32) einzusetzen.

[4]) Archidamos ist Name mehrerer spartanischer Könige. Gemeint ist hier Archidamos II. (468—427). Die Anekdote auch Plut., Leben des Agesilaos cp. 2. Ende. — Die Pointe in dem Vorwurf der Ephoren ist im Deutschen schwer wiederzugeben. Sinn: Königliche Kraft kann nicht in einem Zwerg in Erscheinung treten, und wenn er der leibhaftige Sohn eines Königs ist — ein wohl urtümliches Motiv des Volksglaubens.

[5]) Diogenes, ein Kyniker (Zeit Alexanders, s. A. 19). Der altstoische, zum Kynismus hinneigende Philosoph Ariston von Chios (ca. 275 v. Chr.), den man die Sirene nannte, überliefert dies Wort von seinem Lehrer Zenon von Kition, dem eigentlichen Begründer der altstoischen Schule (Diog. Laert. VII 18). Im Symposion des Platon ist Eros im Rausche gezeugt (203 B); es wird daraus seine eigentümliche Doppelnatur — sich erniedrigende Armut neben hoher Liebe zum Geistigen — gefolgert. Der Gedanke, daß wirkliche Männer nicht im Rausche gezeugt sein dürfen, ist hernach stehend für die Vorstellung eines harten Volkes, wie es die Spartaner waren, s. Plutarch, Lykurg c. 15. Wer das Dictum zur Verhöhnung eines Weichlings und Schwätzers umprägte, steht nicht fest; es wurde aber im Griechischen später zu einem geflügelten Wort, um jemanden zu schmähen, der einen geistigen Defekt hatte.

[6]) Zu der hier vorgetragenen pädagogischen Theorie (die für das Erlernen der Wissenschaften und Künste erforderlichen Bedingungen übertragen auf die Aneignung der Tugend) vgl. Aristoteles' Politik H 14 p. 1334a am Ende, teilweise auch Nikom.

Ethik II 1 p. 1103a, 16ff. Nur ist „Verstand" an der Stelle der Kinderzucht auf die erlernbare Theorie der dianoëtischen Tugend zu beziehen, „Gewöhnung" hingegen auf die „sittliche". Bei den Stoikern wird entsprechend von einer ἀρετὴ θεωρητική und πρακτική gesprochen (Chrysipp bei Philon, Leg. Allegor. I 57 vol. I 75,6 Wendland = Stoicorum Veterum Fragm. ed. Arnim III S. 49, 2ff.).

7) In dieser Definition des Charakters wird ebenfalls auf Aristoteles' Nikomachische Ethik angespielt, s. vor. Anm. Insbesondere ist p. 1103a, 16 zu beachten, wo es nach Erklärung der dianoëtischen Tugend, die der Erfahrung und der Zeit bedarf, heißt: „Die sittliche Tugend dagegen erwächst aus der Gewöhnung, woher sie auch ihre Bezeichnung hat, die nur wenig von „Gewöhnung" abweicht (ἡ δὲ ἠθικὴ ἐξ ἔθους περιγίγνεται ὅθεν καὶ τοὔνομα ἔσχηκεν μικρὸν παρεκκλῖνον ἀπὸ τοῦ ἔθους). Der Charakter bestimmt die Handlungen. Die alten Stoiker denken ähnlich, wenn sie den Charakter als Quelle der Lebensweise definieren, aus der (d. h. der Lebenweise) alle Einzelhandlungen fließen (Zenon von Kition bei Stobaeus Eclog. II 7, 1 p. 38, 15 W=Arnim, Stoic. Vet. Fragm. I p. 50, 15), doch ist bei Zenon jede Tugend durch den Verstand bedingt (Cicero, Academ. post. I 38=Arn., Stoic. Vet. Fragm., I p. 49, 14ff.)

8) Die Lykurgstelle steht Plutarch nahe. Lykurg hat das besondere Interesse Plutarchs erfahren, als er eine Darstellung dieses recht sagenhaften Gesetzgebers in seine Lebensbeschreibungen aufnahm. Die Lykurglegende, die erst im 4. Jahrhundert völlig ausgebildet ist, verdichtet in der schöpferischen geistigen Kraft e i n e r (geschichtlichen?) Persönlichkeit die gesamte, der frühgeschichtlichen Zeit angehörige Herausbildung der militärischen Verfassung Spartas. Für die antike Erinnerung gehört Lykurg in das 8.—7. Jahrhundert. — Die hier erzählte Anekdote berichtet ausführlich Plutarch in den Lakonischen Denksprüchen (Apophthegmata Lakoniká), Lycurg. c. 1. Das Schwergewicht liegt deutlich auch hier auf dem Glauben an den Einfluß der Erziehung für die Bildung des Charakters und des Mutes; Abstammung allein genügt nicht.

9) „steigert die Zuneigung", anders können wir im Deutschen nicht sagen. Das in der Kinderzucht gebrauchte Bild ist viel gegenständlicher. Es vergleicht die zunehmende Zuneigung der Mutter und des Kindes der Spannung, die durch Anziehen einer Spannvorrichtung (Schnecke?) entsteht oder der Saitenspannung einer Lyra, deren Wirbel man hinaufdreht, wie denn dieser auch ἐπιτόνιον heißt (wörtlich also: „denn solches Zusammenleben ist einem Spannungszug der Zuneigung vergleichbar").

[10]) S. Xenophon, Kyrupädie II 1, 28.

[11]) Ein von den griechischen Philosophen zur Beschreibung der Sinneneindrücke (als Einwirkung eines Sinnenvorgangs auf die Seele, der sich dann in Wahrnehmung umsetzt) häufig gebrauchtes Bild. — Die alte Stoa gebraucht dafür die Worte ἐναποσφραγίζειν „einsiegeln" und ἐναπομάσσειν „einen Abdruck machen" (weiter τυποῦν „prägen", τύπος „Geprägtes", τύπωσις „das Prägen"), lateinisch=impressio, imprimere, effigere, signare (vgl. Arnim, Stoic. Vet. Fragm. I p. 17 Nr. 58ff., II p. 21 Nr. 53 und vor allem Sextus adv. mathematicos VII 242=Stoic. Vet. Fragm. II p. 25 Nr.65, 33ff.). Epikur erklärt den Vorgang ähnlich (Diog. Laert. X 49f.). Die Theorie geht auf die Atomisten zurück; sie wird von Theophrast (de sensibus 50ff. = Diels, Fragm. der Vorsokratiker 55 A 373) für Demokrits Erklärung der Sinnenvorgänge in Anspruch genommen. Bei Demokrit liegen schon alle Begriffe und Bilder zur Erklärung vor, die dann die Späteren weiter verwenden. Vgl. auch Platon Staat 377 B, der diese Erklärung aufgreift.

[12]) Platon, der athenische Aristokrat und große Philosoph (427—348/7. Die Stelle über die Ammenmärchen und Erzählungen findet sich Staat 377 B/C. Vgl. Tacit. dial. 29.

[13]) Phokylides von Milet, ein unorigineller jonischer Gnomen- und Spruchdichter aus der Mitte des 6. Jahrhunderts. Die beiden angeführten Verse sind einem verlorenen Gedicht, vielleicht moralpädagogischen Inhalts, entnommen (Diehl, Anthologia Lyrica I S. 61, Fragment 15).

[14]) Die griechische Institution des Pädagogen, für die vom 6. Jahrhundert an vor allem Athen maßgebend ist, ist für die griechische Erziehung charakteristisch. Der Pädagogus hat keine unterrichtenden, sondern lediglich seine Zöglinge betreuende Funktionen zu erfüllen. Der Knabe wurde etwa vom 7. Lebensjahre an der mütterlichen Erziehung entzogen und bis zu seinem 17./18. Jahr, in dem er mannbar wurde und damit in das militärische Vorstadium des mit 20 Jahren beginnenden öffentlichen Lebens der Stadt eintrat (Ephebenalter), dem Pädagogen anvertraut. Dieser hatte den Knaben überallhin zu begleiten und für dessen anständiges Betragen außerhalb des Hauses zu sorgen. Der Pädagoge hatte Züchtigungsrecht. Da man meist einen zuverlässigen Diener mit diesem Amt betraute, werden die meisten Pädagogen Sklaven gewesen sein. Die mythischen Urbilder des Pädagogen sind Silen, der Betreuer des Gottes Dionysos, und Phoinix, der Freund, Waffenlehrer und Kriegskamerad des Achilleus. Nach ihm wurde später ein Erzieher öfter Phoinix genannt (Themistios, Reden 6,81, c). Der Pädagoge ist typische Erscheinung, daher auch Figur der Tragödie und Komödie. In der Kunst ist er häufig durch seine ausländische Tracht charakterisiert (barbarus).

[15]) Das Treuverhältnis zwischen Achilleus und Phoinix schildert Homer wundervoll im 9. Gesang der Ilias. Insbesondere vgl. V. 443ff.:

Also könnt ich von Dir, mein teures Kind, mich unmöglich
Trennen, und gäbe mir auch ein ewiger Gott die Verheißung,
Mich des Alters entkleidend, zum Jüngsten mich wieder zu
wandeln.

ὡς ἂν ἔπειτ' ἀπὸ σεῖο, φίλον τέκος, οὐκ ἐθέλοιμι
λείπεσθ', οὐδ' εἴ κέν μοι ὑποσταίη θεὸς αὐτὸς
γῆρας ἀποξύσας θήσειν νέον ἡβώοντα.

[16]) Die καλοκαγαθία („Schön-gutheit") ist das Erziehungsideal des Griechen seit dem 6. Jahrhundert. Es ist zunächst Ideal des Adels und meint die Schönheit und Tüchtigkeit des Körpers und den Adel der Kämpfergesinnung. Später verschiebt sich (seit dem 5. Jahrhundert) der Begriff des Wortes und es bedeutet dann den sittlichen Adel der Seele.

[17]) Sokrates (469—399) ist in der Anekdote der Griechen eine oft vorgeführte Gestalt. — Die Stadt, von der hier die Rede ist, ist Athen, ihr höchster Punkt die Akropolis. Die Vorlage der Stelle bei Platon, Kleitophon 407 A sagt von einem geographischen Ort gar nichts. Kleitophon anerkennt vielmehr Sokrates' „treffliche Reden", „wenn du [Sokrates], die Menschen zu vermahnen wie ein Gott in der Tragödie aus der Höhe deine Stimme ertönen läßt und rufst usw. . . . ."

[18]) Aristippos von Kyrene, Schüler des Sokrates und Gründer der kyrenäischen Philosophenschule. Die Unterhaltungen mit Sokrates zeichnet Xenophon in seinen Memorabilien auf. Anderes ist verstreut überliefert, vgl. vor allem Diogenes Laertios II 8. — Das Problem des Geldnehmens für den Unterricht bei einem Philosophen ist seit Sokrates (Platon, Apologie 19 D/E — 20 C) wohl mehrfach zur Diskussion gestellt gewesen. In der Anekdote, die von dem materiell unaufwiegbaren bzw. aufwiegbaren Wert der Bildung handelte, wird das Geldnehmen durch die philosophischen Lehrer zur Charakterisierung teils der Lehrer, teils der Schüler benutzt. — 1000 attische Drachmen (1 attische Drachme =0,78 RM.) entsprechen 780 Goldmark, hatten aber etwa die 8—10fache Kaufkraft.

[19]) Diogenes, der Kyniker, aus Sinope am Schwarzen Meer, lebte zur Zeit Alexanders des Großen.

[20]) Die Bemerkung bezieht sich auf die orakelhaft-feierliche Ausdrucksweise, deren sich der Verfasser der „Kinderzucht" hier bedient. Ihr liegt der orphische Satz zugrunde, den Platon, Gesetze IV 715 E anführt: ὁ μὲν δὴ θεός, ὥσπερ ὁ παλαιὸς λόγος,

ἀρχήν τε καὶ τελευτὴν καὶ μέσα τῶν ὄντων ἁπάντων ἔχων
εὐθείᾳ περαίνει κατὰ φύσιν περιπορευόμενος. („der Gott
vollbringt, wie es in einem alten Spruch heißt, indem er Anfang
und Ende und Mitte innehat, auf geradem Wege gemäß der
Natur seine Bahn durchwandernd"). Der freilich erst im Hellenismus bezeugte orphische Vers, der dem platonischen Zitat zugrunde liegt, lautete (vgl. Ps.Aristoteles, De mundo c. 7 und
später Porphyrios bei Euseb. praepar. evangel. III 9) offenbar:

Ζεὺς κεφαλή (var. ἀρχή), Ζεὺς μέσσα, Διὸς δ' ἔκ πάντα
τέτυκται (var. τελεῖται).

„Zeus ist das Haupt, Zeus Mitte, aus Zeus ist alles erschaffen."
Vgl. Orphica herg. von O. Kern Fragm. 168; — herg. von Abel
Fragm. 46, 2. — Wer den Gedanken auf die Erziehung über-
trug, ist unbekannt.

21) „Antrieb" (φορά) von Chrysipp als eine rasche Weise
der Bewegung definiert (Arnim, Stoic. Vet. Fragm. III p. 105, 7.
II p. 160, 26). Auch σύνεργος ist ein stoisches Wort. — Beide
Worte auch aristotelisch.

22) Zur Tugend und Glückseligkeit als den gegebenen ethischen
Zielbestimmungen vgl. zunächst den bei Cicero (Tusculan. disput.
II 29=Arnim Stoic. Vet. Fragm. I p. 185) aus dem Altstoiker
Zenon zitierten Satz: — — — beate quidem vivendum, quod est
in una virtute positum („die Glückseligkeit, die einzig auf der
Tugend beruht"). Die Tugend ist die Bedingung dafür auch bei
Chrysipp (Chrysipp bei Gellius 18, 1, 4 = Arnim, Stoic. Vet. Frag-
menta III p. 14 Nr. 56), das Ziel ist die Glückseligkeit (Cicero,
Tuscul. disput. V 48=Arnim a. O. III p. 15, 5 Nr. 59: refert autem
omnia ad beate vivendum). — Die Voraussetzungen für diese Auf-
fassung sind in der Ethik des Aristoteles enthalten, vgl. Nikom.
Ethik I 2 p. 1095b, 14 ff.; 5 p. 1097a, 14—1097b, 21.

23) Vgl. den von Cicero de finibus V 73 (Arnim, Stoic. Vet.
Fragm. I p. 84, 29 Nr. 366) aus dem Stoiker Ariston von Chios
(siehe oben Anm. 5) mitgeteilten Satz: „(Ariston) bestritt, daß
man außer den Lastern und Tugenden irgend etwas meiden
bzw. erstreben dürfe" (praeter vitia atque virtutes negavit rem
esse ullam aut fugiendam aut expetendam). Dies charakterisiert
die Anschauung vom Unwert der menschlichen Dinge bei Ariston
(ebd., vgl. Arnim, Stoic. Vet. Fragm. III p. 61, 2).

24) Ps. Plutarch, pers. de nobil. c. 12 (bei Arnim, Stoic. Vet. Fragm.
III p. 85) aus Chrysipp: ἰσοτιμίας περίτηγμα καὶ διάξυσμα τὴν
εὐγένειαν καλεῖ. μηδὲν ἄρα διαφέρειν ὅτου παρὰ πατρὸς γεγονὼς
τυγχάνῃς, εὐγενοῦς ἢ μή („.[Chrysipp] bezeichnet die edle
Geburt als Schlacke und Abschabsel der Gleichheit im Anspruch auf die Ämter; es sei daher völlig gleichgültig, von was

für einem Vater man abstamme, einem edel geborenen oder nicht (edel geborenen"). Dazu Stobaeus ecl. II 107, 14 W. (= Arnim Stoic. Vet. Fragm. III p. 89, 23) ebenfalls aus Chrysipp: *τὴν εὐγένειαν ἕξιν ἐκ γένους* („die edle Geburt sei eine geschlechtsbedingte Eigenschaft").

[25]) Stoisch: Der Reichtum ist kein Gut und gehört zu den gleichgültigen Dingen, vgl. Ariston von Chios bei Arnim, Stoic. Vet. Fragm. 1 p. 85, 2 und p. 81, 33.

[26]) Glück und Reichtum bei Schlechten und umgekehrt: ein oft erörtertes antikes Problem.

[27]) Die Sykophanten (wörtl. Feigenanzeiger) sind an sich seit der solonischen Gesetzgebung (Mitte 6. Jahrhundert) in Athen die Ankläger derer, die Feigen aus Attika gegen das staatliche Verbot ausführten (Plutarch, Solon c. 24). Im Fortgang der Zeit verband man im athenischen Gerichtsleben und in der athenischen Innenpolitik mit dem Wort das sich übel auswirkende Denunziantentum überhaupt, dem auch schuldlose Bürger verfielen, die die herrschende Partei unter Anklage stellen wollte, um sich ihrer Mitglieder mit dem Schein des Rechts zu entledigen.

[28]) Vgl. den Preis der Paideia bei Platon, Gesetze 644 D/E, der sie unter den höchsten Gütern als das erste Gut bezeichnet, das den trefflichsten Menschen zuteil wird. Dies sind diejenigen, die mit Gerechtigkeit befehlen und gehorchen. Alles andere dagegen (so Gelderwerb, Übung der Körperkraft) sind „Geschicklichkeiten".

[29]) Die Vernunft ist Gott für Zenon und zugleich Hülle oder Behälter des Göttlichen (Stoic. Vet. Fragm. I p. 42, 13; p. 40, 5; p. 28, 22). Die Anschauung wurde zur stoischen Doktrin (ebd. II p. 179, 35). — Damit synonym ist Logos, der als schöpferische Kraft in der Welt und im Menschen gleichfalls göttlich ist (Zenon, s. Stoic. Vet. Fragm. I p. 40, 30f.; Kleanthes, ebd. I p. 120, 30). Der Mensch hat also an der Vernunft teil (Stoic. Vet. Fragm. II p. 169, 29; 327, 11; III 83, 5; vgl. I 119, 32ff.), wenn er denkt; in ihm setzt der Logos sich in Sprache um (Zenon, s. Stoic. Vet. Fragm. I p. 40, 30). Der Preis der Vernunft wird in der stoischen Literatur oft wiederholt, so von Kleanthes in seinem Hymnus auf Zeus (Stoic. Vet. Fragm. I p. 122, ff.) S. ferner Cicero, Über die Natur der Götter II 6, 16 (= Stoic. Vet. Fragm. II p. 301, 32ff.) und II 133 (ebd. II p. 328, 3ff.).

[30]) Stilpon von Megara, der bedeutendste Philosoph der megarischen Schule (um 320 v. Chr.). Diese Schule gründete nach Sokrates' Tod ein Teil seiner Schüler in Megara. (Lehre: Denken

allein ist für das Urteil entscheidend; Seinslehre nach Parmenides).

³¹) Demetrios Poliorketes, der Städtezerstörer, ca. 337—283. Er war der Sohn des Antigonos Gonátas, Nachfolgers Alexanders des Großen im Bereich von Makedonien und Griechenland. Das Zitat findet sich — es ist hier wohl aus der Erinnerung niedergeschrieben (vgl. oben Anm. 17) — bei Plutarch in der Lebensbeschreibung des Demetrios c. 9 Ende mit der Variante in der Antwort Stilpons: „Keinen sah ich je, der Wissen davontrug." — Die Einnahme von Megara durch Demetrios und die Befreiung der Stadt von der Herrschaft Athens erfolgte im Jahre 307.

³²) Platon, Gorgias 470 D/E. Die Stelle ist von Ps. Plutarch ebenfalls aus der Erinnerung zitiert, bei Platon steht παιδείας ὅπως ἔχει καὶ δικαιοσύνης („wie es um seine Bildung und Gerechtigkeit steht"). Erziehung (Bildung) und Gerechtigkeit machen für Sokrates die Glückseligkeit (Eudaimonia) aus. Auch stellt nicht Gorgias die Frage, sondern Polos. — Gorgias ist der bekannte Sophist und Rhetor aus Leontini auf Sizilien (ca. 483—375).

³³) Vielen Griechen des 6.—5. Jahrhunderts erschien der Perserkönig als der Inbegriff des Glückes, dieses materialistisch als irdischer Reichtum (ὄλβος) begriffen. Dieser Auffassung des Glücks ward schon im 6. Jahrhundert vom delphischen Orakel der seelische Glücksbegriff (εὐδαιμονία) entgegengesetzt (vgl. die Geschichte von Solon und Kroisos bei Herodot 1 26—33). In diesem Sinne versteht sich die Frage des Polos im platonischen Gorgias und Sokrates' Antwort (s. vor. Anm.).

³⁴) Es ist das von Sokrates bei seinem Kampf gegen die Sophistik gestellte Problem der sittlichen Verantwortung der Lehrenden für die Jugend. Da die sophistische Weise des Lehrens auf die Ausbildung von praktisch und nützlich denkenden Politikern abzielte, trugen die Sophisten tatsächlich zu einem großen Teil die Verantwortung für die innere Entwicklung (auch die geistige) der griechischen Staaten des 5. Jahrhunderts. Trotz der moralischen Vernichtung der Sophisten durch Sokrates blieb das Problem der sittlichen Verantwortung der Staatsmänner vordringlich, und so ward die leere, rein prunkhaften Vortrag pflegende Lehrweise der Rhetoren des hellenistisch-römischen Weltreichs Gegenstand der heftigsten Kritik bei denjenigen, die die Wirkung solch flacher Lehrweise beobachten und diese Entwicklung nur als Verfall kennzeichnen konnten. Fesselnd ist dies Problem auch bei Tacitus in dessen Rednerdialog entwickelt.

³⁵) Euripides, Hippolytos V. 986ff.

³⁶) Das Wort als Solons Ausspruch bezeugt, vgl. Br. Snell, Leben und Meinungen der Weisen S. 32 (Tusculum).

³⁷) Die Stegreifrede war in den Kreisen der klassischen Rhetorik (Isokrates) nicht beliebt. Die Gefahr, dabei für die Rede nicht mehr das Gleichgewicht der Teile festhalten zu können und ein Übermaß an Gedanken zu bringen, war sehr groß. Es bestand für die öffentliche Stegreifrede sehr wohl die Gefahr, daß mit ihr und ihrer Unproportioniertheit auch die besprochene Sache durchfiel. Aristoxenos kennzeichnet diese Ordnung und Harmonie als „schön und zuträglich", deren Gegenteil aber als „häßlich und unzuträglich" (Diels, Fragm. d. Vors. I p 284, 3 f. der früheren Zählung). — Dem Worte αὐτοσχεδιάζειν hängt der Vorwurf eines Handelns ohne genügende Sachkenntnis meist an.

³⁸) ὡς - - παραδέδοται ist ein Demostheneszitat, vgl. Orat. XXIII 66 p. 641.

³⁹) Der attische Redner Demosthenes (384/83—322). Die aus der Meidiasrede zitierte Stelle findet sich Demosthenes, Or. XXI 191 p. 576.

⁴⁰) Vgl. Platon, Staat 515 B/C ff.

⁴¹) Apelles aus Kolophon, 2. Hälfte des 4. Jahrhunderts. Apelles ist nach dem Urteil der Alten wohl der berühmteste antike Maler, der an vielen Städten in Hellas, auf den Inseln und in Kleinasien gearbeitet hat. Eine Zeitlang war er an Alexanders Hof als Porträtmaler beschäftigt. Viele Anekdoten gehen von dem gewandten Weltmann um; er erscheint in ihnen teils liebenswürdig, teils als rücksichtsloser Kritiker seiner Kollegen. Über seine Kunst können wir uns heute mangels erhaltener Werke kein selbständiges Urteil bilden.

⁴²) Die hier bekämpften vier Fehler der Rede sind drei von jenen Fehlern, die die peripathetische Stiltheorie überhaupt für jede Art von Literatur kritisierte, soweit der sehr in der griechischen Literatur beschlagene Anonymus, Vom hohen Stil (Anonymus [Dionysius sive Longinus]) de sublimitate ed. Jahn—Vahlen c. 3—4. 4. Aufl. 1910) — aus der Zeit des Tiberius — dafür Zeuge sein kann. Er ist kein geringer Zeuge. An der aus ihm angeführten Stelle werden gerügt 1. Schwulst (τὸ οἰδοῦν) 2. Das Spielerische oder die Verniedlichung (τὸ μειρακιῶδες ταπεινόν, μικρόψυχον), 3. das unzeitige Pathos (πάθος ἄκαιρον, bei dem Rhetor Theodoros von Gadara — Zeit des Tiberius — als παρένθυρσον d. h. falscher Enthusiasmus bezeichnet), 4. das Frostige (τὸ ψυχρόν). In der dem Verfasser der Kinderzucht als Quelle dienenden rhetorischen Techne — so hießen die Lehrbücher des Stils vielfach — ist das οἰδοῦν des Anonymus das παρατράγωδον, das mit dem θεατρικόν = παρένθυρσον zusammengerückt erscheint. Beiden Stilwidrig-

keiten ist das Übertreiben gemeinsam. Dem gegenüber stehen bei Ps.Plutarch σμικρολογία und ταπείνωσις. Ihnen entspricht beim Autor vom hohen Stil da· μειρακιῶδες, in spezieller Umschreibung das μικρόψυχον und ταπεινόν, die infolge übertriebener Sorgsamkeit schließlich zum Frostigen (ψυχρόν) führen, das der unbekannte Verfasser besonders behandelt. Das μειρακιῶδες ist charakterisiert durch das „Gemachte" (πεποιημένον) und „Süßliche" (ἡδύ), schließlich wie das „Wie-Tand-Einzuschätzende" (ῥωπικόν)

Die Reduzierung der vier Stilmängel beim Autor de sublimitate auf zwei Gruppen bei Ps. Plutarch verlangt die Seelenverfassungen, die diese Mängel hervorrufen, nämlich auf der einen Seite das ϑρασύ = „Dreiste", auf der andern Seite das ἄτολμον oder „Feige" und das καταπλῆγα εἶναι oder „Schüchterne". Folge des ersteren ist in der Kinderzucht die Unverschämtheit (ἀναισχυντία), die des anderen die Unterwürfigkeit ἀνδραποδωδία (s. Anm. 63). Beide sind schlechte Eigenschaften, die der Tugend als Mitte entgegenstehen (s. Nikom. Ethik IV 14 p. 1128a, 21 und IV 15 p. 1128b, 10ff., 31f.). Diese Seelenverfassungen sind von Aristoteles, Nikomachische Ethik II 7 p. 1107a 33 als Übertreibungen (positive und negative) der Tapferkeit (ἀνδρεία) bestimmt: erstere ist bei ihm das ϑαρρεῖν („Verwegen sein"), letztere das φοβεῖσϑαι („sich Fürchten"). Die echte Tapferkeit (ἀνδρεία) liegt dazwischen; ihr entspricht der echte Stil. Nur die überlegene Einhaltung dieser Mitte (μέσον) im charakterlichen Verhalten gibt somit dem Stil seine Richtigkeit (s. auch folgende Anm.).

43) Die Theorie vom Mittelweg im ethischen Verhalten des Menschen (Mitte zwischen zwei Extremen, dem Zuviel und dem Zuwenig) ist zuerst in der Nikomachischen Ethik des Aristoteles beschrieben II 5 p. 1106 a, 26ff., vgl. II 2, p. 1104a, 15ff. Die hierüber entwickelten Gedanken bei Ps.Plutarch sind die zentralen der „Kinderzucht". Die Hauptstelle über die Tugend hat bei Aristoteles folgenden Wortlaut (1106a ff.): ἔστιν ἄρα ἡ ἀρετὴ ἕξις προαιρετική, ἐν μεσότητι οὖσα τῇ πρὸς ἡμᾶς, ὡρισμένη λόγῳ καὶ ὡς ἂν ὁ φρόνιμος ὁρίσειε. μεσότης δὲ δύο κακιῶν, τῆς μὲν καθ' ὑπερβολήν, τῆς δὲ κατ' ἔλλειψιν· καὶ ἔτι τῷ τὰς μὲν ἐλλείπειν τὰς δὲ ὑπερβάλλειν τοῦ δέοντος ἔν τε τοῖς πάθεσιν καὶ ἐν ταῖς πράξεσιν, τὴν δὲ ἀρετὴν τὸ μέσον καὶ εὑρίσκειν καὶ αἱρεῖσθαι. διὸ κατὰ μὲν τὴν οὐσίαν καὶ τὸν λόγον τὸν τὸ τί ἦν εἶναι λέγοντα μεσότης ἐστὶν ἡ ἀρετή, κατὰ δὲ τὸ ἄριστον καὶ τὸ εὖ ἀκρότης. „Es ist also die Tugend eine aus vorsätzlichem Handeln entspringende Eigenschaft, die ein Mittelmaß in Hinsicht auf uns einhält, das begrifflich und nach dem jeweiligen Urteil des Ver-

nünftigen bestimmt wird. Sie ist das Mittlere zwischen zwei Fehlern, einem Übermaß und einem Mangel, insofern diese beiden in den Affekten und Handlungen das rechte Maß überschreiten, während die Tugend das Mittlere findet und sich dafür entscheidet. Deshalb ist die Tugend nach ihrer Substanz und begrifflich gesprochen ein Mittelmaß unter dem Gesichtspunkt der Vollkommenheit und des Guten betrachtet dagegen ein Äußerstes — — —". (Übersetzung nach W. Nestle, Aristoteles' Hauptwerke, Kröner). — Vgl. Platon, Staat 619 A/B.

⁴⁴) Eine Forderung, die bei den beiden antiken Völkern von den Lehrern der Rhetorik besonders betont worden ist. Der Klang der Sätze und die Variatio der Erzählung und der Gedanken waren für eine Rede und ein historisches Werk besonders wesentlich. Eine gute Illustration zu den Worten der Kinderzucht gibt Tacitus an einer Stelle seiner Annalen, in der er über die Gefahr der Einförmigkeit seines Berichtes spricht, der die Variatio bei anderen Historikern früherer Zeit in deren Darstellung der Vergangenheit Roms gegenübersteht (IV 33).

⁴⁵) Vgl. Diogenes Laertios VII 129 aus Chrysipp (=Stoic. Vet. Fragm. III p. 184, 19, Nr. 738): εὐχρηστεῖν δὲ καὶ τὰ ἐγκύκλια μαθήματά φησιν ὁ Χρύσιππος ("Chrysippos sagt, er benutze auch mit Vorteil die encyklischen Wissenschaften"). — Zu den encyklischen Wissenschaften gehören Grammatik, Rhetorik, Dialektik (Trivium), Geometrie, Arithmetik, Musik, Astronomie (Quadrivium).

⁴⁶) Es ist an die vielen Landzungen gedacht, die für die griechischen Küsten charakteristisch sind.

⁴⁷) Bion von Borysthenes (am Schwarzen Meer), sehr freier Literat kynischer Richtung in den letzten Jahrzehnten des 4. Jahrhunderts. Seine Vorträge (Diatriben) hatten popolarphilosophischen Inhalt. Sein Witz war im Altertum berühmt. Auch (der sicher echte) Plutarch schätzt diesen hellenistischen Griechen. — Das hier wiedergegebene Wort nahm übrigens auch — der Überlieferung zufolge — der stoische, später mehr kynisch gerichtete Philosoph Ariston von Chios (s. oben Anm. 5) für sich in Anspruch (vgl. Stoic. Vet. Fragm. I p. 78, 32 Nr. 350 mit mehreren Belegen).

⁴⁸) Philosophie als Heilmittel von Krankheit der Seele und der Philosoph als Seelenarzt begegnet in der Literatur des Hellenismus oft (Stoic. Vet. Fragm. III p. 102, 37 Nr. 471), ebenso bei den späteren Stoikern, wie Seneca, Marc Aurel.

⁴⁹) Im Folgenden ist eine Aufzählung von Themen aus der hellenistischen, besonders stoischen Ethik zu sehen, vgl. Stoic. Vet. Fragm. III p. 11, 37 — 12, 11 Nr. 39, 40 und 41 über Er-

streben und Meiden aus dem Kapitel über das Streben nach der Tugend. Diese Vorschriften über das Verhalten gehören in die Lehre von den Pflichten, vgl. Stoic. Vet. Fragm. III p. 134, 31f. Nr. 495 (Eltern-, Freundes-, Vaterlandsliebe), III p. 87, 44 (Achtung des Gesetzes) — S. auch Aristoxenos v. Tarent bei Stob. IV 25, 45 = Diels, Fragm. d. Vors. I Nr. 45 D 4 p. 283, 24 ff. (ebda Z. 3—22) und Aristoteles, Nikom. Ethik III 4 p. 1112a, 3 ff.

50) M a ß h a l t e n: Horaz, Od. II 3: Aequam memento rebus in arduis servare mentem. Haud secus in bonis — —

51) M a ß h a l t e n i m Z o r n: Aristot. Nikom. Ethik II 1 p. 1103a 10—21. Die Mitte ist die Milde (vgl. auch p. 1126a, 13ff.).

52) V o l l e n d e t e M e n s c h e n: Vgl. Platon, Staat 412 A/B. Dazu gehört die τελεία ἀρετή (vollendete Tugend); zum τέλειος βίος (vollendete Lebensweise) s. Aristoteles, Nikom. Ethik I 10 p. 1100a 4f. δεῖ γάρ, ὥσπερ εἴπομεν, καὶ ἀρετῆς τελείας καὶ βίου τελείου („es bedarf nämlich, wie wir sagten, sowohl vollendeter Tugend als auch vollendeter Lebensweise"). Philosophie und Politik als Hauptinhalt ihres Lebens, s. Platons Staat 473 D, 474 C und Aristoteles, Nikom. Ethik I 1 p. 1094 A 27 bis 1095 a 10. Über den Zusammenhang des höchsten Gutes (Glückseligkeit = εὐδαιμονία bei Aristoteles) und Politik ergibt sich für unsere Stelle einiges aus Nikom. Ethik I 2 p. 1095a 13 ff. Außerdem s. Chrysippos=Arnim, Stoic. Vet. Fragm. III p. 157, 40; 158, 32 u. ö.

53) D i e d r e i L e b e n s w e i s e n: Aristoteles, Nikom. Ethik I 3 p. 1095b, 16: τρεῖς γάρ εἰσι μάλιστα οἱ προέχοντες [scil. βίοι]. ὅ τε νῦν εἰρημένος (scil. ἀπολαυστικός) καὶ ὁ πολιτικὸς καὶ τρίτος ὁ θεωρητικός („drei Lebensweisen treten vor allem hervor: die eben behandelte des Genusses und die praktisch politische und als dritte die der wissenschaftlichen Betrachtung geweihte").

54) Auch die K r i t i k d e r d r e i L e b e n s f o r m e n, wie man sie hier liest, findet sich schon in der Nikom. Ethik in Fortsetzung der angeführten Stelle. Die stoische Bestimmung ist ähnlich, scheidet aber das Genußleben von vornherein aus — es zählt offenbar überhaupt nicht — und führt an seiner Stelle neben dem theoretischen und praktischen Leben das durch die Vernunft bestimmte Leben auf, s. Diog. Laert. VII 130=Arnim, Stoic. Vet. Fragm. III p. 173, 4 (abweichend ebd. 172, 14 f. aus Stobaeus, Eclog. II 7 p. 109, 10 W).

Die im Vorstehenden genannten Lebensvorschriften sind also aus der großen griechischen Philosophie Platons und des Aristoteles, aber auch der Stoa, gezogen. Obenstehende Anmerkungen sollen nicht mehr als den Zusammenhang deutlich machen. Die alten Stoiker greifen an zahlreichen Stellen vor allem die Gedanken des Aristoteles auf und verarbeiten sie neu.

⁵⁵) Perikles, der athenische Staatsmann (gest. 429). — Archytas von Tarent, Staatsmann, Philosoph und Mathematiker, auch Feldherr (Anfang 4. Jahrhundert v. Chr.). — Dion von Syrakus, Schwager des älteren Dionys, 1. Hälfte des 4. Jahrhunderts, bekannt durch seinen Versuch einer Verfassungsreform in Syrakus in Verbindung mit Platon. — Epaminondas von Theben, Staatsmann und Feldherr (ca. 420—362). Von einer Verbindung des letzteren mit Platon ist indes nichts bekannt.

⁵⁶) Der Bildungsgedanke des klassischen Hellas ist auf die Werke des Homer und der alten Dichter sowie später außerdem auf die der Philosophen, Historiker und Redner der klassischen Zeit gestützt. Platon, Cicero, Quintilian, Tacitus (Dialogus) und die Christen (z. B. Basilius) setzen sich ununterbrochen mit der großen Literatur der Vergangenheit als Bildungsmittel auseinander. Platon verhält sich gegen Homer und die alte Tragödie in seinem Staat ablehnend; im allgemeinen aber stellt man die Erziehung gerade auf Homer und die alten Tragiker. Ein Beispiel solcher Auseinandersetzung auch in der Kinderzucht (lat. de libororum educatione) des Chrysippos bei Philon de sacrificio Abel et Cain § 78 vol. I p. 234, 7W = Stoic.Vet. Fragm. III p. 184, 21: ὠφέλιμον, εἰ καὶ μὴ πρὸς ἀρετῆς κτῆσιν τελείας, ἀλλά τοι πρὸς πολιτείαν, καὶ τὸ παλαιαῖς καὶ ὠγυγίαις ἐντρέφεσθαι δόξαις, καὶ ἀρχαίαν ἀκοὴν ἔργων καλῶν μεταδιώκειν, ἅπερ ἱστορικοὶ καὶ πᾶν τὸ ποιητικὸν γένος τοῖς τε καθ᾽ ἑαυτοὺς καὶ τοῖς ἔπειτα μνήμῃ παραδεδώκασι („Nützlich ist es, wenn auch nicht zum Erwerb der vollendeten Tugend, so doch in Bezug auf den Staat, sich an den alten und uralten Meinungen zu nähren und nach der alten Kunde von schönen Taten zu trachten, wie sie die Historiker und das ganze Geschlecht der Dichter ihren Zeiten und den danach kommenden zum Gedächtnis überliefert haben"). Natürlich sind moralische Gesichtspunkte maßgebend.

⁵⁷) Erörterung über die Stellung der Gymnastik in der griechischen Erziehung bei Platon Staat III 410 B ff. Was der Verfasser der Kinderzucht bringt, stammt aber im wesentlichen aus Aristoteles' Politik Θ 4 p. 1339a und Nikom. Ethik II 2 p. 1104 a, 15 (s. oben Anm. 43); über das rechte Verhältnis zwischen geistiger und körperlicher Ausbildung s. ebd. (vgl. auch Platon, Staat III 410 B). Die stoische Theorie ist z. B. faßbar bei Diogenes von Babylon (Mitte 2. Jhrh.), zitiert bei Philodemus de musica p. 7 Kempke = Arnim, Stoic. Vet. Fragm. III p. 221 f. Nr. 56, 57.

⁵⁸) Siehe auch Aristoteles, Nikom. Ethik II 2 p. 1104 a, 15 ff. und Anm. 43.

[59] Vielleicht geht diese Äußerung auf eine medizinische Theorie zurück.

[60] Platonzitat nach Staat 537 B.

[61] Xenophon, Kyrupädie II, 3, 2.

[62] „Im Schatten aufgezogen ist": Ausdruck für eine weichliche Aufzucht zu Hause statt in der Öffentlichkeit und den Gefahren des Lebens, s. Plutarch, Lykurg c 24.

[63] Interessant, daß hier ein wenig Einblick gewährt wird in die sozialen Verhältnisse der Zeit. Es gab also auch einen verarmten Stand der Freigeborenen. — Zudem ist wichtig, daß hier die Freien und Sklaven nach ihrer menschlichen Lage geschieden sind; jene werden als erziehungsbereit im Sinne des Schönen geschildert, während die Sklaven als nicht bildungsfähig und von niedriger Gesinnung hingestellt sind. (Kap. 12) — „Sklavenartig" (ἀνδραποδώδης) ist ein herabsetzendes Wort schon in der aristotelischen Ethik, bedeutet also „gemein" (z. B. ist das Genußleben als „sklavenartig" bezeichnet, Aristoteles, Nikom. Ethik 1095b 19f.; 1118b 19f.). Auch hier wird die Möglichkeit zur Bildung, deren Ziel die Tugend ist, also das Gegenstück des Gemeinen, den Sklaven abgesprochen: ἡ τοῦ ἐλευθερίου παιδιὰ διαφέρει τῆς τοῦ ἀνδραποδώδους καὶ αὖ τοῦ πεπαιδευμένου καὶ ἀπαιδεύτου „Der Scherz des Freien unterscheidet sich von dem des sklavenartigen Menschen und wiederum der des Gebildeten und des Ungebildeten" (Nikom. Ethik 1128a, 20ff.) und damit die Erreichung des ethischen Ziels der Glückseligkeit, „es sei denn, der Sklave hat auch die Möglichkeit zu philosophischem Leben" (1177a, 8f.). Die Sklavenrollen in den antiken Komödien repräsentieren dieselbe geringschätzige Beurteiluug seitens der Freien. Die Stoa verschob indes — theoretisch wenigstens — die Bewertung in ihrer Anthropologie und verlegte den Schwerpunkt in der Beurteilung der Frage, wer der Tugend fähig ist, von der freien bzw. unfreien Stellung des Menschen weg in dessen seelische Beschaffenheit, so daß also nunmehr auch Sklaven die Möglichkeit zur Tugend und damit die (innere) Freiheit zugesprochen werden kann. Vgl. οὐ πράσει καὶ ὠνῇ τὸν δοῦλον, ἀλλὰ τῇ γνώμῃ τῇ [ἐ]νελευθέρῳ διακέκρικεν scil. ὁ Χρύσιππος („Chrysipp hat den Sklaven vom Freien nicht durch die Tatsache, daß er verkauft und gekauft wird, unterschieden, sondern nach dessen unfreier Einsicht", s. Chrysipp bei Clemens von Alex., Paed. III p. 288 Pott. = Arnim, Stoic. Vet. Fragm. III p. 86, 29), aber „gemein" (schlecht) und „Sklave" gehört auch dann noch zusammen (ebd. III 86, 30ff. aus Diogenes Laertios VII 121).

64) τίσιν οὖν οἱ ψόγοι καὶ οἱ ἔπαινοι παρακολουθοῦσιν; ἆρ᾿ οὐχὶ τοῖς ἐνεργοῦσι καὶ δρῶσι; κατορθοῦντες μὲν γὰρ ἔπαινον, ψόγος δ᾿ ἔμπαλιν καρποῦνται διαμαρτάνοντες („wem nun folgen Tadel und Lobspruch? Doch wohl den Wirkenden und Handelnden? Handeln sie recht, so ernten sie Lob, umgekehrt handeln sie fehlerhaft, so holen sie sich wiederum Tadel"), so Philon de sobrietate § 34 vol. II p. 222, 10 = Arnim, Stoic. Vet. Fragm. III p. 58, 15. Vgl. Aristoteles, Nikom. Ethik III 1 p. 1109, 30ff.

65) Zu den Begriffen ὑπερβολή, ὑπερβάλλειν und σύμμετρον vgl. Aristot. Nik. Eth. II 5 p. 1106a, 26ff. und A. 43.

66) Die Spannung zwischen den Gegensätzen als Ausdruck des Lebenszustandes an sich erinnern stark an die in Werden und Vergehen gründende Harmonie der Welt in der Lehre des Heraklit. Diese Deutung legt die gleich folgende Erwähnung von „Bogen und Leier" nah, wozu das Wort des Heraklit zu stellen ist: „Sie verstehen nicht, wie es (das Eine, die Welt) auseinanderstrebend ineinandergeht; gegenstrebige Vereinigung wie beim Bogen und Leier" (vgl. Die Fragm. der Vorsokratiker herausg. von Diels I, 12 B 51; = Fragm. Heraklits, herausg. von Br. Snell in Tusculum, S. 18). Die Erklärung des Fragments im Text der Kinderzucht weicht von der von Diels ab (s. a. a. O. App.): Die Zusammenfügung des Bogens und der Leier aus zwei gegenstrebenden Hölzern sei gemeint. — Auch Plutarch führt den Satz des Heraklit mehrmals an (Diels a. a. O. App.).

67) Xenophon, Oeconomicus XII 20.

68) Mnemosyne als Subst. (= Gedächtnis, Erinnerung) personifiziert als Mutter der Musen seit Hesiods Theogonie (V. 915ff.). Dies blieb sie während der ganzen Zeit der Antike. Zur Gedächtnisübung als Erziehungsaufgabe s. Aristoxenos bei Diels Fragm. d. Vors. I Nr. 45 D 4 p. 282, 25ff. Sie ist die Voraussetzung der Nachahmung. Die Idee der „Nachahmung" großer Vorbilder beherrscht die griechische Erziehung und Bildung in hohem Maße, vgl. Isokrates, or. 1, 34; 7, 37. Ähnlich denken Demosthenes und hernach Cicero, die Historiker u. a. Demokrates (Diels, Fragm. d. Vors. II Nr. 55 B 39): „Man muß entweder gut sein oder Guten nachahmen".

69) Diese Erklärung dürfte einem antiken Kommentar (zu einem Dichterwerk?) entstammen, in dem Mnemosyne als Mutter der Musen bezeichnet war. Solche Erklärungen sind bei Popularphilosophen selten eigene Erfindung, sondern beruhen auf Tradition.

70) Hesiod, Werke und Tage V. 361 f.

71) Echtes Wort des Demokrit (Diels, Fragm. d. Vorsokrat. II 55 B 145 = 55 A 1 p. 11, 30 [351, 4]).

[72]) „Kadmeischer Sieg" sprichwörtlich von einem für den Sieger verderblichen Siege; doch gibt es auch abweichende Erklärungen der Alten. Platon, Gesetze 641 C.

[73]) Das Zitat aus einer verlorenen Tragödie des Euripides (Nauck, Tragicorum Graecor. Fragm. 654).

[74]) Gylippos, der von Sparta 415 während des Peleponnesischen Krieges nach Sizilien gegen die Athener und ihre Expansionsgelüste entsandte Feldherr, der das von Athen belagerte Syrakus entsetzte. Die Geschichte der Veruntreuung von Staatsgeldern durch ihn liest man im Leben des Lysander von Plutarch Kap. 16—17 Anfang. Nach der dort niedergeschriebenen Version verbannte sich Gylippos selbst aus Sparta.

[75]) Aristophanes, der große Komödiendichter des ausgehenden 5. Jahrhunderts in Athen (ca. 450—388). Seine „Wolken" (aufgeführt 423) schadeten hernach dem Sokrates sehr wegen der Stimmung, die die Komödie im Volke gegen den in seinem Wesen und in seiner Aufgabe vom Dichter völlig verkannten Philosophen erzeugt hatte. — Für das Folgende lag dem Verfasser der Kinderzucht offenbar irgendeine popularphilosophische Abhandlung über den Zorn vor, worüber Plutarch (De cohibenda ira = Von der Beherrschung des Zorns) und Seneca (De ira = Über den Zorn) geschrieben haben.

[76]) Zu Archytas von Tarent s. oben Anm. 55.

[77]) Platons Ausspruch bei Diog. Laert III 1, 26 belegt. Speusippos war Platons Schwestersohn und Nachfolger in der Leitung der Akademie (348—339).

[78]) Griechische Mysterien sind geheime, religiöse Weihen für die Anhänger von Sekten. Ein wichtiger Kultort ist Eleusis bei Athen (Eleusinische Mysterien). Die religiöse Zeremonie hatte das Schicksal der Seele zum Inhalt. Im Mittelpunkt des Kultus standen Demeter und Persephone. Hierophanten, d. h. Priester und Daduchen (Fackelträger) gehören zum Personal des Heiligtums.

[79]) Sotades von Maroneica auf Kreta, bekannt als Dichter von Schmutzgedichten unter dem König Ptolemaios II. Philadeiphos (285—247). Ptolemaios' Schwester und Frau war Arsinoe II. — Das Zitat auch Athenaios XIV 621 A (J. U. Powell, Coll. Alexandr. Oxon. 1925, 238).

[80]) Nach der Überlieferung wurde Sotades von einem Offizier des Königs Ptolemaios namens Patroklos auf der jonischen Insel Kaunos ergriffen und in einem bleiernen Fasse ins Meer versenkt. Christ-Schmidt, Gesch. d. griech. Literatur II S. 15, 156. Vgl. Ernst Kornemann, Große Frauen des Altertums (Sammlung Dieterich) S. 125 u. 415 Anm. 28.

[81]) Theokritos von Chios, genannt der Sophist. 4./3. Jh., Schüler des Isokrateers Metrodoros und selbst Redner. Seinem Haß gegen

die Makedonenkönige Alexander und Antigonos machte er in der drastischsten Weise Luft. S. a. Plut., quaest. conviv. 633 C/D.

[82]) Das Homer-Zitat Ilias 5, 82f.:

τὸν δὲ κατ' ὄσσε
ἔλλαβε πορφύρεος θάνατος καὶ μοῖρα κρατειή.

aber die Augen nahm der purpurne (= dunkle) Tod in Besitz und das grause Verhängnis.

[83]) Antigonos von Makedonien: s. oben Anm. 31.

[84]) Von den hier genannten Griechen bedürfen nur noch zwei eines Hinweises: Aischines, athenischer Parteigänger des Königs Philipp von Makedonien, daher Gegner des Demosthenes. Bedeutung als Redner (ca. 389—314) — Kebes von Theben, der Pythagoreer, s. Platon, Phaidon 60 C. u. ö.

[85]) Aus einer verlorenen Tragödie des Euripides, s. Nauck, Tragicorum Graecor. Fragm. 328.

[86]) Das Platonzitat ist dem Staat entnommen: 468 B.

[87]) Platon, Symposion 182 A—D.

[88]) Bei der sogen. „kretischen Entführung" (ὁ ἐν Κρήτῃ ἁρπαγμός) handelt es sich um ein erotisches Spiel, an dem Männer und Jünglinge beteiligt sind, vgl. die Beschreibung des Ephoros von Kyme bei Strabo X 4, 21 C 483=Jakoby, Fragm. d. griech. Histor. II A 70 No. 149 p. 88f. S. a. Hans Licht, Liebe und Ehe in Griechenland II; Berlin [o. J.], S. 138—140.

[89]) Das Wort κῶμος, hier mit „Schmausereien" übertragen, bezeichnet auch den an diese meist angeschlossenen, ausgelassen schwärmerischen Festumzug in den Straßen zu Ehren des Gottes Dionysos.

[90]) Pythagoras, der um 530 in Samos geborene Philosoph, war nach Reisen im Orient nach Kroton in Unteritalien übergesiedelt. Hier stiftete er eine religiös gebundene aristokratische philosophische Sekte. Die Überlieferung über ihn ist mehr als verschwommen. Man kann bezüglich seiner wissenschaftlichen Forschung und seiner Ethik nur von den Pythagoreern schlechthin sprechen. Die hier angeführten „Symbola" waren berühmt. Sie sind auch sonst noch überliefert (vgl. Diels, Fragm. d. Vorsokratiker I Nr. 45 C 6). Die hinzugesetzten erläuternden Erklärungen stimmen in der Fassung, wie sie hier angeführt werden, nicht immer genau zu der anderen Überlieferung. Zur Tradition vgl. Diels a. O. I p. 359 (281) Anm. zu Zeile 37 (23). Ein näheres Eingehen auf die genannten Symbola ist hier nicht möglich.

[91]) Ein am Schwanze schwarz gefleckter Meerfisch (Aristot. hist. anim. 8, 28). Offenbar nicht identifiziert.

[92]) Durch das Bohnenlos wurden in Athen die Beamten erwählt.

[93]) Der Schmeichler war von der neueren Komödie Athens — Menander ist ihr hervorragendster Vertreter (ca. 342—293) — stark verspottet und im öffentlichen Leben der alten Städte eine sehr bekannte Figur. Vgl. auch Theophrast, Charaktere Kap. 2 (und Aristoteles Nikom. Ethik IV 12 p. 1127 a, 7 ff.). — Was in der Komödie durch Witz angegriffen wird, geschieht hier offenbar aus der Stimmung einer Invektive.

[94]) Die betörenden Worte, die der Verfasser der Kinderzucht hier die Schmeichler sprechen läßt und die auf das „Genieße den Tag" im üblen unepikureischen Sinne abgestimmt sind, nähren sich von Gedanken, wie sie im besten Sinne Epikurs die Dichter Catull und Horaz in einigen ihrer Werke vortragen (z. B. Catull Ged. 5; Horaz Oden I 11).

[95]) Dies erinnert an Begegnung mit der neuen Komödie.

[96]) Vgl. Theophrast Charaktere Kap. 2 (Der Schmeichler: „— — macht sein (des Schmeichlers) Gönner den Mund auf, so gebietet er (der Schmeichler) den anderen Schweigen — — —, und macht dieser einen faulen Witz, so lacht der Schmeichler darüber, ja, er stopft sich den Mantel in den Mund, als ob er das Lachen gar nicht verhalten könnte".

[97]) τύχη-προαίρεσις] Der Satz ist offenbar niedergeschrieben mit deutlicher Beziehung auf die Erklärungen, die Aristoteles in der Nikomachischen Ethik II 3, p. 1105 a, 14—1105 b, 18 und III 4 p. III b, 4 ff. versucht, um zu klären, daß sittliche Entscheidung im Handeln den Ausschlag für die charakterliche Bewertung gibt und daß alle äußere Andersartigkeit dafür irrelevant, weil zufallsbedingt, ist. Die „vorsätzliche Entscheidung" (προαίρεσις) ist ein freiwilliger Akt p. 1111 b, 6 ἡ προαίρεσις δὴ ἑκούσιον μὲν φαίνηται), der ebensosehr zur Tugend Voraussetzung ist wie zur Schlechtigkeit (p. 1112a, 14 τῷ γὰρ προαιρεῖσθαι τἀγαθὰ ἢ τὰ κακὰ ποιοί τινές ἐσμεν). So ist also die „vorsätzliche Entscheidung" eine Sache der Vernunft und Überlegung (1112a, 16 — — μετὰ λόγου καὶ διανοίας); sie steht in unserer Macht (1112 a, 30ff. τὸ ἐφ᾽ ἡμῖν). Es liegt in ihrem Wesen, daß sie auf einen Zweck ausgerichtet ist, dieses ist ebensosehr die Tugend wie auch das Laster, die also beide in unserer Macht stehen: p. 1113 a, 7ff. „Denn wo das Tun in unserer Gewalt ist, da ist es auch das Lassen, und wo das Nein, auch das Ja. Wenn also das Tun des Guten in unserer Gewalt ist, dann auch das Unterlassen des Bösen, und wenn das Unterlassen des Bösen in unserer Gewalt ist, dann auch das Tun des Bösen. Steht aber das Tun und ebenso das Unterlassen des Guten und Bösen in unserer Gewalt, also das, was wir als Gutsein und Schlechtsein bezeichneten, so steht es folglich bei uns,

sittlich oder unsittlich zu sein." „Frei" ist also hier ein Standesbegriff, der für die Sittlichkeit nichts besagt; das Tun des Schmeichlers, das auf vorsätzlicher Entscheidung beruht, macht ihn zum Sklaven, d. h. zu einem „gemeinen Menschen" (vgl. oben Anm. 63): „Sklave" ist ein sittlicher Begriff. — Die stoische Terminologie ist aus dieser des Aristoteles entwickelt; in der Sache weichen die Stoiker aber ab; sie verschieben dabei die Bedeutung der aristotelischen Termini oder engen sie ein. Demnach bedarf es zur Erklärung unserer Stelle darüber keiner näheren Ausführungen.

⁹⁸) Das Schöne ist dem Stoiker zugleich das Nützliche (Zusammenfall der höchsten ethischen, ästhetischen und praktischen Begriffe (Arnim, Stoic. Vet. Fragm. III 21, 43 πάντα τἀγαθὰ σνμφέρον („Alles Gute" — und das ist das Schöne, s. Zenon a. O. I 47, 3, 6 und sonst — „ist nützlich"). Vgl. auch: ut et quidquid honestum esset, id utile esse censerent, nec utile quicquam, quod non honestum. (Cicero, de officiis III 11 aus Kleanthes = Arnim, Stoic. Vet. Fragm. I 127, 28f. Es war Erziehungsideal auch für Aristoxenos, Diels a. O. I Nr. 45, 4 p. 284, 4.

⁹⁹) Die Erklärung des Wortes findet sich im Epigramm 1 des Kallimachos (ed. v. Wilamowitz). Jemand hatte Pittakos gefragt, ob er von zwei Bräuten die ihm an Mitteln und Geschlecht ebenbürtige oder die reichere heiraten solle. Pittakos weist auf einige Kinder, die auf einem Platz Kreisel mit Peitschen treiben und sich dabei zurufen: „Treib den, der zu dir paßt." (Vielleicht versuchte man sich bei diesem Spiel der Kreisel der Mitspielenden zu bemächtigen.)

Und der Fremde verstand. Und achtend des Rufes der Kinder
Ließ er in klugem Bedacht ab von dem größeren Haus.
Wie nun jener, o Dion, die kleinere Frau sich genommen,
Also mach' es auch du. „Treibe die, die zu dir paßt."
Vgl. U. v. Wilamowitz, Hellenist. Dichtung I, 1924, 179 f.

¹⁰⁰) Es handelt sich um Eurydike, die Gemahlin Amyntas' II. von Makedonien (390—369), die illyrischer Abstammung war. Sie wurde die Mutter Alexanders II., Philipps II. und Perdikkas III.

¹⁰¹) τριβάρβαρος, gebildet wie τρισμέγιστος (Beiname des Thoth-Hermes: „Dreimal-größter").

¹⁰²) Das Griechisch-lernen im „hohen Alter" ist ein von den Hellenen irgendwann im Stolz auf die zivilisierende Macht ihres Geistes geprägter Gemeinplatz. Man erzählt dies, wie man weiß, auch von dem alten Cato fast mit denselben Worten; danach die Selbstäußerung Catos bei Cicero, de senectute 8, 26.

[103]) Das Epigramm auch Anthologia App. 182, dorthin nach unserer Stelle übernommen.

[104]) Der Hinweis auf die Verkoppelung von persönlicher Sorgfalt in der Erziehung und gehobenem sozialen Leben (vgl. oben Kap. 11 Ende) ist nochmals zu beachten (s. Anm. 63).

ZUR TEXTGESTALTUNG

Die vorliegende 2. Auflage des Tusculumbandes „Plutarch, Kinderzucht" richtet den Text nach der neuen Ausgabe der Moralia in der Bibl. Teubner. ein (s. oben S. 78) und trägt damit der seit Gr. N. Bernardakis erheblich veränderten Einsicht in der Textgestaltung Rechnung. Im 1. Band dieser Ausgabe hat in einer ausführlichen Praefatio M. P o h l e n z die gegenwärtige Auffassung der Überlieferung der Moralia des Plutarch dargelegt.

Die Hss. zerfallen in zwei Gruppen:

Die eine Gruppe (Δ), die sich aus einer offenbar unmittelbar nach Plutarchs Zeit veranstalteten antiken Ausgabe herleitet (Pohlenz), ist nicht ohne erhebliche Willkür von dem antiken Herausgeber gestaltet. Zu ihr gehören die Hss. D S h Z b N q M. Diese verteilen sich auf 2 Zweige: den einen fassen wir mit Z + b (= $\smile$), den andern mit D + S h. Die Hss. M. und N q stammen ebenfalls aus dieser Ausgabe.

Die Hss der andern Gruppe (= Φ) — zu ihr gehören W C J — bieten einen viel verläßlicheren Text, lassen aber kein Abstammungsverhältnis untereinander und nach rückwärts erkennen. Zu der zweiten Gruppe tritt für de lib. ed. noch die Hs. X (Nr. 4) hinzu mit einer J und C angenäherten Textfassung.

Aus den Hss C W und M, letztere in der wohl durch Maximus Planudes abkorrigierten Form M[2], entstand kurz vor 1296 die erste, 1296 die zweite und 1302 die dritte Planudes-Ausgabe der Moralia (Überlieferungsform Π), vgl. S. 72.

Die heutige Forschung stützt ihren Text auf die Gruppe Φ. Die Überlieferung ist indes auch in den Hss von Φ keineswegs fehlerfrei und bedarf der korrigierenden Hand des modernen Philologen. In der folgenden Einzelübersicht über die zweifelhaften Stellen findet man verzeichnet:

a) die Abweichungen gegenüber der Ausgabe von Bernardakis (= Tusculum, d. lib. ed. 1. Aufl. ed. Zahn),

b) die auf Konjektur beruhenden Lesarten, da hier der Text wohl in jedem Falle fehlerhaft oder doch verdächtig ist,

c) offenbar notwendige Ergänzungen und Streichungen gegenüber der ganzen oder einer teilweisen hsl. Überlieferung
(der Gruppe Ψ).
Alles Weitere ist aus Patons Apparat a. a. O. zu entnehmen.

Es bedeutet:

Ω = alle Hss

O = alle Hss außer den angeführten

Bern(ardakis)

Pat(on)

Steg(emann)

Wil(amowitz)

Zahn nur dort angeführt, wo sein Text von Bernardakis abweicht.

Über die weiteren Konjektoren vgl. die neue Teubner-Ausgabe
(Leipzig 1925) vol. I p. X—XIV. — [$\varkappa\alpha\iota$] Streichung vorge-
schlagen von (Name), $<\varkappa\alpha\iota>$ Ergänzungsvorschlag von (Name),
. . . . . . im Text der Hss angemerkte Lücke, $<. . . . .>$ Lücke
im Text vermutet von (Name). — Umstellungen und Orthogra-
phica sind nicht verzeichnet.

Die Seitenbezifferung und -aufteilung am rechten Rand wird
i. a. der alten Moraliaausgabe von 1599 entnommen. Dieser Druck
bringt den Text nach der Erstausgabe des Franzosen Henricus
Stephanus von 1572 in Verbindung mit der lateinischen Übersetzung des Deutschen Guilelmus Xylander von 1570 und 1574.

1 A τοὺς τρόπους Bern(ardakis) mit h und jung. Hss. ||
   [ἢ πατρόθεν] $<$οὐκ εὖ$>$ γεγ. ἀνεξάλ. Steg (οὐκ εὖ erg.
   Jq recc): [ἢ πατρόθεν] γεγόνασιν $<. . . . .>$ ἀνεξά-
   λειπτα Pat(on), [μητρόθεν ἢ πατρόθεν] Wil(amowitz)
  C μητρὸς ἢ πατρὸς SN Euripides: π. ἢ μ. O || τοῦτο τῷ
   δήμῳ: τοῦτο $<$καὶ$>$ τ. δ. Bern || τῷ τῶν O: τᾷ
   SΘ Pat
  D ὑπειπόντες Ω: ἐπειπόντες Meziriac || βασιλείδια Plut.
   Vita Agesilai c. 2: βασιλίσκους Zahn, βασιλείδας Ω

2 A ταὐτὸν Pat: ταὐτὸ Bern || $<$τῆς φύσεως, αἱ δὲ προ-
   κοπαὶ$>$ Amyot ||
  B δὲ τῇ γεωργίᾳ Pat: τῆς (ἐπὶ τῆς Θ Bern) γεωργίας Ω
   τὸν φυτουργὸν - - - - τὰ σπέρματα Bern || $<$ἂν$>$ Em-
   perius
  D τόνῳ Ω, vielleicht verderbt: τόρνῳ Pohlenz unter Ver-
   weis auf Eurip. Bacch. 1065, was nicht sehr überzeugt. Eher

ist an ein Instrument zur Krümmung der Felgen-
stücke zu denken

E [ἀλλὰ] Hercher Pat

F ⟨ἔθος⟩ Xylander nach A^mg (vgl. Aristot. Eth. Nicom.) ‖
103 a 17) ἐθικάς Fabricius: ἐοικυίας Ω

3 A ἔτι tilgt Pat nach Nikitin ‖ κτῆσιν Wyttenbach (vgl. 12 D):
κύησιν Ω

B τοὺς O: τοὺς δύο Π Bern

C σοφῶς δὲ καὶ Hercher: σοφὸν δὲ καὶ Ω (σοφὸν δ᾽ἄρα
καὶ Θ Bern) ‖ κἂν Bern Pat: καὶ Ω

D εὐνούστεραι Fabricius Pat: εὔνου καὶ SNh εὔνους O ‖
ἅπερ ἔφην ταῦτα O: ὅπερ ἔφην αὐτὰς Θ ‖ [τὰ τέκνα
— — — μητέρας] Wil ‖ ⟨αἱ⟩ Pat: ‖ μηδὲ O: μὴ Θ

4 A λαλεῖν Ω: λαλοῦντα Pat

C κἂν Hercher Pat: καὶ Ω ‖ αἰσθόμενοι ἢ ἄλλων Wilam
Wegehaupt Pat: αἰσθομένοις μᾶλλον Ω, αἱ δὲ καὶ
ἄλλων Bern

D δυνηθέντ᾽ ἂν σῶσαι Bern mit Θ ‖ ἀπολέσαντα A und
jüng. Hss.: ἀπολέσαντ᾽ ἂν O Bern (ἂν streicht Wilam) ‖
τοιοῦτον Pat (mit dem erklärendem Zusatz i. e. τὸν δι᾽
ἀπειρίαν ἀπολέσαντα): τοῦτον O, gestr. Wil, τὸν χείρι-
στον Θ Bern

E ποῖ Θ h Platon: ποῦ O Pat

F τοῖς τέκνοις παιδευτάς, εὔωνον ἀ. διώκοντες Θ (ob
richtig?): τοῖς τέκνοις εὔωνον ἀ. δ. Pat ‖ τὸ nur SΘ,
daher [τὸ αἴτημα] Pat

5 A [τὰ παιδία] Pat (Interpolation), fehlt in M Π ‖ κἂν εἰ
προτείνεις Ω Bern: κἂν [εἰ] προτείνῃ Hertlein Pat, doch
vgl. 6 E. ‖ υἱούς Steg: υἱεῖς Ω Pat, vgl. 9 F

B μεταμελοῦνται Pat (vgl. Blass-Debrunner, Neutest. Gramm.⁷,
1943, S. 46 u.): μεταμέλονται Bern ‖ τὴν τῶν τέκνων παιδείαν O, von Pat gestrichen: τὴν τῶν τέκνων προδεδω-
κότες παιδ. Θ Bern. Ist τῇ τ. τ. παιδείᾳ zu schreiben?
Steg ‖ μισθοῦνται Zahn: λυτροῦνται Ω Bern Pat ‖
οἰκοφθοροῦντες Wyttenbach: κοιτοφθοροῦντες Heumann,
κιττοφοροῦντες Ω (Pat mit †)

C οὗτοι οὐ τοῖς ἴσοις πράγμασι Ω ist wohl verderbt: οὗτοι
οὐ τοιούτοις ἴσως πράγμ. Θ Bern, τούτου (scil. τοῦ
φιλοσόφου) ἴσως τοῖς πράγμασιν Pat ‖ ποῖ Cobet: που Ω

D ⟨μὲν⟩ Hercher Bern Pat

F φέρων O: παραφέρον Θ ‖ κατέβαλεν, ὁ δὲ τὸν O Pat:
κ. καὶ τὸν Θ Bern

6 A ἔχοι Pat: ἔχει Θ Bern ‖ καὶ εἰ Θ Bern Pat: ἢ καὶ Ο ‖
   ὡς τῆς εὐδαιμονίας - - - κειμένης nur Μ Θ² Π Bern Pat:
   ὡς πρώτης εὐδ. - - - κειμ. Μ¹, πρώτην εὐδ. - - -
   κειμένην Ο

  B ⟨ἔχει δὲ μοῖραν καὶ τόδ'⟩ nach Euripides eingesetz
   in die Lücke von Hercher Bern, Pat läßt den Halbvers
   (mit allen Hss, was merkwürdig ist) aus

  C [ἢ] tilgt Wilamowitz ‖ διώκοντος Ο Pat: διώξαιεν q N² Θ
   Bern ‖ τούτοις . . . . . .] in M Lücke von 5 Buchstaben ‖
   παῖδας . . . .] in M α A Lücke von 22 Buchstaben ‖
   ἐκβαίνειν Θ Pat: ἐκπίπτειν q S² N² h² M² Π, während es in
   dem übrigen Hss fehlt

  D ⟨ἄνδρες⟩ Hercher Bern Pat ‖ μεμελετηκέναι Demosthenes Bern Pat: καταμ. Ω ‖ ⟨πρὸς ὑμᾶς⟩ Demosth.
   In O Lücke von 14 Buchstaben, diese in SN nicht ange-
   deutet

  E καὶ Ο Pat: ἢ πάλιν αὖ Θ Bern ‖ οὐδ' Pat: οὐκ Ω
   Bern ‖ τοῦτον τῶν Herwerden: τοῦ τῶν Ν¹ τῶν Θ
   τοῦτον Ο ‖ προσῆκεν Ο Pat: προσῆκον C¹, προσήκει
   Bern ‖ ⟨εἰ⟩ Hercher Bern Pat

7 A ὑπόθεσιν Θ Bern: πρόθεσιν Ο Pat ‖ τὸ θεατρικὸν
   Pat nach Papageorgiu u. Nikitin: τὴν θεατρικὴν Ω Bern

  B ⟨αὐτὴν⟩ Hercher Bern Pat ‖ ἐμμελές τε Ω Bern Pat:
   ἐμμελέστατα Zahn

  C Nach χρήσιμον Lücke angesetzt bei Bern; ob zu Recht?
   Nicht bei Pat

  D [τὸ] gestr. Larsen ‖ [πῶς ἀλλοτρίοις] Hercher Pat (vgl. die
   Parallelführungen im folgenden Satz, wo die Bezugnahme
   auf die ἀλλότριοι fehlt; Bern setzte darum, πῶς ἀλλοτρίοις
   erhaltend, nach νόμοις πειθαρχεῖν eine Lücke an, die
   Zahn aber nicht anerkannte

  E εὐτυχεῖν Ω Bern: ἀτυχεῖν Meziriac Pat ‖ εὐηνίου ἀνθρ.
   C²M²ΠΘ Bern: fehlt in Ο. εὐθηνεῖν ἀνθρ. Pohlenz Pat
   Ist etwa εὐθηνεῖν εὐηνίου ἀνθρ. zu lesen? ‖
   τῇ φιλοσοφίᾳ καὶ δνεῖν W² in Lücke. Die gleiche Lücke
   in C (C¹ schreibt τῇ) und M; M² τῇ φιλοσοφίᾳ, ΠΘ⸴
   C² φιλοσοφίαν; in den übrigen Hss nicht vorhanden. τῷ
   φιλοσόφῳ κ. δ. Pat

8 B [ἑκάτερος (ἕκαστος Wq)] ἄτερος vermutet Wyttenbach,
   vgl. Erläuterungen z. St. ‖ γεωργῶδες] dann Lücke in Wq
   Μα. ⟨καθάπερ γὰρ τοῖς κηπουροῖς ἐργαλείων δεῖ καὶ
   ὀχετῶν⟩ Pat im App., vgl. p. 9 B ὥσπερ γὰρ τὰ φυτὰ κτλ.
   (s. a. p. 2 B).

C καὶ τί ταῦτα;] καὶ ταῦτα μὲν τοιαῦτα vermutet Meziriac
D ἀθλητῶν] Lücke vermutet Steg entweder vor ἀθλ. oder
   dahinter oder an beiden Stellen ‖ καὶ πολεμίων Θ: εἰς
   πόλεμον CN², † καὶ πολέμων Pat (im Text), ⟨ἀνασκήτων⟩
   εἰς πόλεμον Pat im Appar· ‖ εἴπη Pat: εἴποι Bern ‖ τῶν
   ἐλευθ. ἀγωγῆς] τῶν om CΘ, nach ἐλευθ. haben C²M²Π
   παίδων zusätzlich ‖ ὁμονοεῖς verdächtigt Pat ‖ ἵν᾽ ἐφεξῆς]
   νῦν δὲ ἐφ. erwägt Larsen
F ἔοικε Pat (ἐῶ O): δοκεῖ Θ Bern
9 A ποτε σφοδρῶς ⟨ἀναισχυντῶσι⟩ Steg: ποτε σφαλῶσι
   Wil, ⟨εὐφρανῶνται⟩ Aldus, ⟨θρασύνωνται⟩ Hercher
B τί δ᾽ ἐστιν O: τί οὖν hΘ ‖ [ἵνα - - - λόγον] str. Pat
   auf Vorschlag Wil, wodurch eine alte Lücke (vermutet) in
   den Hss wieder sichtbar wird
C ⟨ἄν⟩ Hercher ‖ υἱούς Steg: υἱεῖς Pat, vgl. 9 F
D ⟨δεῖ⟩ Wil., μάλιστα ⟨δεῖ⟩ Steg: ⟨δεῖ⟩ μαλ. Wil. ‖
   ὡσπερεί O Pat: ὥσπερ Θ Bern ‖ ταμεῖον Pat (vgl.
   Blass-Debrunner Neut. Gramm.⁷ § 31, 2; Radermacher Nt·
   Gramm.² S. 44): ταμιεῖον Bern ‖ ⟨οἱ παλαιοί⟩ Steg
F υἱούς Pat: υἱεῖς Bern, vgl. p. 4 B u. Blass-Debrunner
   Nt. Gramm.⁷ § 52
10 A ἀξιομίσητα Pat: ἀξιομίσητον Bern
B τὸν προβεβιωμένον βίον O Pat: τὴν δόξαν τῶν προβε-
   βιωμένων Θ Bern
C κατεπροίξατο Leonicus: κατεπράξατο Ω (διεπρ. W) ‖
   τοιαῦτα κωμῳδούμενος Pat: τοιαῦτ᾽ ἀνακωμῳδοῦντος Ω
D ⟨τὴν⟩ Larsen ‖ ἀπελθών] ἀπολαβὼν erwägt Nauck
11 B ἀργύριον C h Pat: ἄργυρον O Bern ‖ ⟨πέμψας - - -
   ἄνδρα⟩ Pat ‖ γεγεν. ἐν τάξει unklar, 'mächtig'? 'der sich
   in hoher Stellung befand'?
C καὶ ὃς ⟨μετα⟩ πέμψας Wil Pat: καὶ ὁ μὲν πέμψας O,
   ὁ δὲ πέμψας D Bern ‖ ἱεροπρεπέστατον . . . . . .] die
   Lücke in M (6 Buchst.). Zur Ausfüllung schlägt Pat vor
   ⟨ἀνάγκη⟩ ⟨ ἀεὶ δεῖ⟩
D πρὸς τοὺς πατέρας] 'Fort. πρός τινας π. αὐθεκάστους
   scribendum' Pat
E καὶ - - - προήγαγεν] ὡς τ. μ. προάγοντας Wil
F [τὸ δὲ τοῦ Πλάτωνος - - - ἐν Λακεδαίμονι ζηλωτέον]
   tilgt Pat mit C¹WqSNM¹ ‖ ⟨ἐν⟩ Hercher
12 A ζηλωτέον] + καὶ τῶν παίδων μιμητέον Ω, was die
   neueren Herausgeber bereits nach dem Vorgang jüngerer
   Hss mit Amyot streichen ‖ εἰπών C²M² Planudes Θ: προ-
   ειπών Vulcobius Pat, (καὶ μ. π. λέξω D), om O ‖ αὖ]

— 102 —

αὐτὸ erwägt Wil || ποιεῖσθαι τούτων εὐλαβ. O Pat: τῶν μειρακίων π. εὐλ. D Bern

C μειρακίσκους Ω Bern Pat: νεανίσκους Zahn

E <ἐλεύθερον> Leonicus Pat || καὶ μηδενὶ δεσμῷ προσάπτειν Pat: μὴ δεῖν προσάπτειν αὐτόν Ω (αὐνῷ D), [αὐτὸν] str. Wil || †ταῖς ἀρχαῖς] ἀρχαιρεσίαις ? Pat, δι' ὧνπερ[ας] ἐπετ. τὰς ἀρχὰς vermutet Hercher. [κναμευταί - - - ἀρχαῖς] Interpol. vermutet Steg

13 A [τοῖς πλουσίοις] Wil (τῶν πλουσίων D)

B † λυρικῆς τ. Pat || καὶ ψυχῆς Ω: ἐκ ψυχῆς Pat

C τῶν πρᾳοτέρων ἁμ. Wil Pat: τῶν προτέρων ἁμ. Ω, τῷ νεωτέρῳ τῶν ἁμ. Bern

D πρὸς καιρὸν ὀργισθέντας D Bern

E ὄζων O Pat: ἀπόζων D Bern

F υἱοῖς O: υἱέοσι D (υἱέσι Bern)

14 A προσθεὶς ἔτι D Bern

B ἴρρα πολιήτισι verb. Wil: ἱεραπολιῆτις M²Π || εὔιστον Ω Bern: εὐκταῖον (votivus) Wil

Vor 25 Jahren

begeisterte ich mich für die Herausgabe zweisprachiger Taschenausgaben antiker Autoren und gründete darauf, noch unmündig, einen Liebhaberverlag. Die Anregung zu den Tusculum-Büchern verdankte ich Franz Burger, der im Realgymnasium mein verehrter Geschichtslehrer gewesen war und auch der erste Tusculum - Herausgeber wurde. Textausgaben mit Übersetzung waren damals in Deutschland wissenschaftlich und pädagogisch verpönt und so wenig marktfähig, daß sich berufenere Verlage nicht daran wagten. „Tusculum" darf daher für sich in Anspruch nehmen, daß es das heute in hoher

Titelvignette der Erstausgabe

Gunst stehende Prinzip der Zweisprachigkeit dank jahrzehntelanger Werbetätigkeit wieder zu Ehren gebracht hat. Den liebhaberischen Tusculum-Anfängen hafteten Mängel an, die der Verlag heute hoffentlich überwunden hat. Trotzdem blickt er mit einer gewissen Rührung auf jene Anfangszeiten zurück und will trotz strenger Wissenschaftlichkeit die liebhaberische Haltung der Reihe bewahren. Unter den frühesten Tusculum-Bänden befand sich Plutarchs „Kinderzucht", die hiemit, gewissermaßen zum Jubiläum, in verbesserter Form als Auftakt neuer intensiver Tusculum-Arbeit wiedererscheint. Für 1948 sind im werden: Aischylos-Orestie; Homer-Ilias; Petron- Satiricon; Plautus-Komödien; Properz-Elegien; Sibyllinische Weissagungen; Vergil-Katalepton; Bukolika, Georgika; der Quellenband Antike Astronomie und das Tusculum-Lexikon der griechisch-lateinischen Autoren. Herbst 1947. Dr. E. H.